U0574652

中国社会科学院创新工程学术出版资助项目

"十二五"国家重点图书规划项目

中国社会科学院创新工程学术出版资助项目
新疆研究丛书

新疆蒙古族社会现状报告

——和静县和乌鲁木齐市等地蒙古族 社会经济发展的调查与分析

加·奥其尔巴特/著

社会科学文献出版社
SOCIAL SCIENCES ACADEMIC PRESS (CHINA)

总　序

厉　声

　　新疆维吾尔自治区地处祖国西北边疆、亚欧大陆的腹地，全区面积 160 多万平方千米，占国土面积的 1/6；周边与 8 个国家接壤，有长达 5700 千米的边界线。新疆古代时属于泛称的西域，历史上，这里是欧亚人口迁徙和东西方文明交流的孔道。数千年历史的发展和文明的沉淀，使今天的新疆成为一处有着深厚底蕴和丰富内涵的历史文化宝地。步入近代，孤悬塞外的新疆饱受列强和境外侵略势力的宰割与欺凌，成为一部近代中国边患史的缩影。民国时期，军阀割据，贫穷和战乱严重地制约了新疆社会经济的发展。新中国成立后，新疆各族人民翻身解放、当家做主，积极投身于各项建设事业中。半个多世纪后的今天，新疆已成为全国最有发展潜力的省区之一。

　　研究新疆历史的发展与变化，历来受到中外学术界的瞩目，今天，有关新疆研究的著述可谓硕果累累，十分丰富。与此同时，也应该看到，还有更多的研究领域等待着学者们去探讨；已有的研究内容也需要进一步深化和细化，有些需要做整体和系统的思考。此外，相关研究的基础资料和研究成果的出版也不尽如人意。而改革开放以来新疆社会经济发展的特定形势又迫切需要加强对其历史与现状的综合研究。有鉴于此，2004 年 5 月，全国哲学社会科学规划办公室批准"新疆历史与现状系列研究综合项目"（以下简称"新疆项目"）立项为国家哲学社会科学基金特别项目。项目为期 5 年，由中国社会科学院科研局牵头管理，项目专家委员会组织实施。

"新疆项目"分为专题研究、档案文献整理、重要外文著作文献翻译等几个大的子项目类别。按"新疆项目"规划，凡结项成果统一由项目办公室组织专家匿名评审，评审结果达到良好以上者，由项目基金资助出版。为此，拟定以《新疆研究丛书》、《新疆历史档案文献丛刊》、《新疆历史译丛》三种丛书形式，分别出版上述几大类研究成果。由"新疆项目"专家委员会承担丛书编委会的责任。

我们深信，"新疆项目"的实施与各类研究成果的出版，必将有力地推动新疆历史和现状的研究，同时将造就一批这一研究领域的学者，他们将成为21世纪新疆研究的中坚。

目　录

前　言

　　蒙古族是占新疆人口比重较大的一个民族，据 2008 年《新疆统计年鉴》，新疆蒙古族人口为 17.7 万多人，其居住形式为大分散、小聚居。主要分布和居住在巴音郭楞蒙古自治州、博尔塔拉蒙古自治州、和布克赛尔蒙古自治县和伊犁哈萨克自治州以及乌鲁木齐市等地。蒙古族和新疆各族人民团结互助、和睦相处，共同维护了国家的统一和新疆和平稳定的局面，促进了新疆社会经济、文化等各项事业的繁荣发展，对新疆的发展和进步起到了重要的作用。因此，无论是从学术角度，还是从现实角度而言，都有对其进行深入研究的必要，尤其是应该加强实地调研，以真正了解新疆蒙古族的社会经济发展和生存现状、他们对国家各项方针政策尤其是民族政策的认识及这些政策的实施状况、蒙古族语言文化和宗教习俗在经济高速发展下的发展变化等，并据此促进政府相关工作的改进。

　　然而，目前学术界对这一群体的关注较少，尤其缺乏有针对性的实地调研。所以，笔者针对巴音郭楞蒙古自治州两县（和静县、和硕县），伊犁哈萨克自治州三县（昭苏县、特克斯县、尼勒克县）和乌鲁木齐市的蒙古族社会经济和文化发展等方面作了实地调研。之所以选择以上地区作为调研点，理由是巴州的和静与和硕县是新疆蒙古族主要居住地之一，居住在巴音布鲁克草原的蒙古族牧民保持原生态的特色更为明显，选择此作为首选调研点具有代表性；选择伊犁哈萨克自治州三县内的蒙古民族乡是出于考虑其农牧结合的生产、生活特色，在全疆蒙古族中具有代表性。所以，所选择的调研点尽量顾及不同类型的乡村以及城市蒙古族各阶层。通过调研发现，这些地区蒙古族的社会经济状况较以前相比，得到了相当大的改善，文化生活等日益丰富，生活质量日益提高，蒙古族的民族意识也有一定程度的增强。同时，也存在很多问题，主要是国家的某些政策并没有完全落实，如国家免征农业税和粮食直补还存在问题；政府公信力的缺失；医疗卫生还较落后；生存环境差、居住分散；发展中的资金困境；蒙古族的就业问题；尤其是伊犁州喀拉托海乡塔本布鲁克蒙古村部分村民因当地修建水库所遭遇到的困境等。

另外一个尤其值得关注的问题是，随着蒙古族民族意识的增强，人们日益担心本民族的语言文化会在经济的快速发展中逐渐消失，比如在双语教育的背景下，蒙古语的发展受到了很大的影响，甚至有日益消失的危险，等等。可以说，新疆蒙古族社会生活现状与思想状况是笔者调查的两大主题，民族教育尤其是民族语言的学习与使用是笔者关注的重点问题。因此，研究目前新疆蒙古族农牧区社会经济的运行情况、文化教育的发展和存在的问题，是社会经济发展的必然要求，这种研究对于人们了解新疆蒙古族的生存现状和存在的问题以及探求其今后的发展前景，就具有非常积极的作用和现实意义。

此次调研项目由笔者独自承担并分两期完成。第一期调查，选取了和静县巴音布鲁克地区具有代表性的两个乡、一所寄宿制学校，和硕县两个乡、两所学校，以及巴州蒙古族高级中学和和静县一中，笔者对这些分散在不同地区的调查点进行了一系列比较调查，调查对象有牧民、基层干部和学生及教师。本次调查以问卷调查为主，共发放问卷 669 份，收回有效问卷 669 份，搜集了大量的第一手资料和原始数据。实地调查从 2006 年 8 月中旬开始，到 2006 年 10 月 30 日结束，随后于 12 月 7 日到 2007 年 1 月 30 日完成 645 个基本数据的校对和录入，2007 年 2 月至 4 月进行撰写，2007 年 6 月 30 日完成初稿。第二期调查，将乌鲁木齐市、伊犁哈萨克自治州直属三县（昭苏县、特克斯县、尼勒克县）的蒙古民族乡为作为调查点，进行调研，调查对象也有牧民、基层干部和学生及教师。此次调查实际发放问卷 716 份，最终获得的有效样本为 706 份。具体实施的时间乌鲁木齐为 2008 年的 8 月份进行了为期 14 天的实地访谈和问卷调查，对伊犁州直属三县蒙古民族乡的实地访谈和问卷调查时间为 10 月 6 日至 11 月 7 日。

为保证本课题的研究质量，笔者采取了以下措施：

（1）两期调查均调查采用文献调查、问卷调查、实地访谈等科学调查方法，以问卷调查和实地访谈方式为主；

（2）调查问卷采用 spss 统计软件进行统计分析，对每一份问卷进行复查校正以确保调查数据的准确性和结论的科学性；

（3）与所调查地区的牧民、学生、教师、基层干部进行了深度访谈以保证民情民意的代表性；

（4）与当地德高望重的蒙古族人士和有关专家学者交流讨论，以确保分析和结论的合理性。

本书共分为 10 章，通过实地田野调查及发放问卷等多种调查方法，对新疆蒙古族牧民生活质量变化的历史过程及现状进行评价和比较，客观认识新疆蒙古族牧民生活现状，探求新疆蒙古族牧民生活质量的发展前景，具有一定的现实意义。

加·奥其尔巴特

2012 年 12 月

---○ 第一章 ○---

和静县巴音布鲁克区社情民意分析

一 调查背景

    巴音布鲁克区是和静县在巴音布鲁克的派出机构，辖三个乡、三个牧场，地处天山腹地南麓，位于和静县西北部，平均海拔 2500 米，总面积 2.38 万平方千米，是一个以蒙古族人口为主的纯牧业区，总人口 12342 人，其中蒙古族 10494 人，占总人口的 85%，是典型的蒙古族人口聚居区，是 1771 年从伏尔加河流域迁徙回来的土尔扈特部渥巴锡一支的后代，他们在这块巴音布鲁克草原上世世代代过着游牧生活，有 230 多年的历史。巴音布鲁克草原是我国第一大亚高山高寒草甸草原。根据地貌单元划分，巴音布鲁克草地总面积中，盆地草地总面积 817.9 万亩，山地草地总面积 1427.9 万亩。牧草生长有严格的季节性、地区性，呈现四季不均衡状态，有暖季草场（夏、夏秋草场）与冷季草场之分。根据测定，巴音布鲁克天然草地鲜草总储藏量为 23 亿千克，干草 6.8 亿千克，全年理论载畜量为 104 万只绵羊单位。新中国成立后，和静县蒙古族畜牧业发展很快，特别是蒙古族聚居最多的巴音布鲁克区的畜牧业已发展成为自治区和巴州肉食基地之一。1949 年全县牲畜仅 27.4 万头，1955 年增加为 50 万头，1963 年达到 83 万头，1972 年牲畜存栏头数一举突破百万。以上业绩的取得，完全依托于水草丰美的巴音布鲁克草原。虽然巴音布鲁克草原每年给国家提供大量活畜及畜产品，作出了一定的贡献，然而近年来，由于草原超载、饱和、牧草退化和各种自然灾害等原因，草原生态严重退化，巴音布鲁克草原生态保护和建设问题被提上了自治区和自治州的议事日程，政府也开始对全巴音布鲁克区的各乡、牧场的贫困牧户实施生态移民工程等一系列重大举措。

笔者对巴音布鲁克区巴音郭楞乡的牧民进行了实地访谈并发放调查问卷 263 份实际收回的有效问卷 263 份。被调查人员的基本状况是：被调查者中，性别结构为：男性占 65%（172 人），女性占 35%（91 人）；文化程度：文盲占 2%（4 人），小学文化占 34%（90 人），初中文化占 20%（53 人），中专或高中文化占 33%（86 人），大专文化占 9%（24 人），本科及以上文化的占 2%（6 人）；年龄结构为：18～24 岁的占 6%（17人），25～34 岁的占 32%（83 人），35～44 岁的占 37%（97 人），45～54岁的占 17%（45 人），55 岁以上的占 8%（21 人）；职业构成为：牧民占87%（230 人），巴音布鲁克区公所的干部职工占 13%（33 人）。

二 牧民经济状况

（一）收入情况

巴音郭楞乡位于巴音布鲁克区公所驻地以西偏南，距县城直线距离约300 千米，海拔 2500 米，是一个纯牧业乡。2005 年，该乡有 454 户 1682人，其中牧业 336 户 1635 人，有 5 个行政村，3 个站所。由于历史和自然条件等原因，这里经济落后的状况仍然令人忧虑。据有关资料显示，2005年与 2003 年相比，巴音郭楞乡牧民人均收入有了一定程度的增长，人均收入从 1735 元增加到 1895 元，增加 160 元，增长了 9.22%，平均每年仅仅增长了 3.07%。由此可见，牧民收入的增加幅度并不大。以 2003、2004 和2005 年的平均值为基准对牧民收入分布研究表明：2003 年，人均收入在670 元以下的低收入贫困户（参见表 1 - 1）就占总户数的 27%（该年巴乡447 户）；到 2004 年，670 元以下低收入贫困户的比例减少到总户数的 10%（该年巴乡 351 户，牧户的减少可能与生态移民或体制改革有关），但到

2005 年这个比例又回落到总户数的 17%（该年巴乡 454 户，牧户的增多可能与巴音布鲁克牧区内部体制改革有关）。

表 1 - 1 2003 ~ 2005 年巴音郭楞乡贫困户情况

年份 牧户收入	2003	2004	2005
670 元以下	121 户 487 人	34 户 153 人	76 户 288 人
670 ~ 872 元（2003、2004 年） 670 ~ 924 元（2005 年）	26 户 85 人	35 户 169 人	32 户 215 人

资料来源：和静县发展计划局。

2003、2004 年，人均收入在 872 ~ 1000 元的贫困户分别占总户数的 11% 和 22%；2005 年，人均收入在 924 ~ 1100 元的牧户占 25%（参见表 1 - 2）。由以上三项人均收入可见，巴音郭楞乡的绝大部分牧民普遍处在贫困或绝对贫困状态。

表 1 - 2 2003 ~ 2005 年巴音郭楞乡贫困牧户情况

年份 牧户收入	2003	2004	2005
872 ~ 1000 元（2003、2004 年） 924 ~ 1000 元（2005 年）	49 户 241 人	77 户 338 人	113 户 398 人
1000 ~ 2000 元	136 户 722 人	154 户 657 人	175 户 621 人

资料来源：和静县发展计划局。

而收入在 2000 元以上牧户为数不多，2003、2004 和 2005 年分别占 21%、15%、13%（参见表 1 - 3）。据有关统计资料，巴音郭楞乡 2006 年的贫困人口为 603 人 175 户，占全乡牧业户的 52%，其人均纯收入 527.63 元，这笔收入仅为巴州农民人均纯收入的 11%，也就是说，巴音郭楞乡 52% 的牧民人均纯收入只是巴州农民人均纯收入的一个零头，2006 年巴州农民人均 4657 元的纯收入，是这些牧民人均纯收入的 8.83 倍。

表 1 - 3　2003~2005 年巴音郭楞乡人均收入 2000 元以上牧户情况表

年份 牧户收入	2003	2004	2005
2000 元以上	96 户 409 人	51 户 250 人	58 户 290 人

资料来源：和静县发展计划局。

本次笔者的问卷调查结果，也接近以上收入情况。被调查的 263 户牧民（其中包括巴音布鲁克区公所的 33 户干部职工）共有家庭成员 1138 人，从他们的家庭状况来看，有六口人的（两个孩子，加上父母），有四口人的（一个孩子，加上母亲或父亲），也有三口人的。平均每户家庭 4.33 人。2005 年，家庭总收入在 1500 元以下的占 12%，2000~2500 元的占 5.7%，2600~3000 元的占 4.9%，3500~4000 元的占 5.3%，4100~4500 元的占 3.4%，4600~5000 元的占 5.3%，5100~5500 元的占 14%，15000~20000 元的占 40.7%（其中巴音布鲁克区公所的干部职工占 13%，33 人），30000 元以上的占 8.7%，23 人。从调查情况看，牧民的家庭收入主要来源于牧业，在被问到"您全家一年的总收入中畜牧经营和劳务（代牧和打工）收入分别有多少？"时，将近 88.5% 的牧户的回答单一的畜牧经营收入，8.4% 的牧户（22 户）是靠代牧谋生，代牧户中 6%（16 户）牧户的收入在 2000~5000 元，除放牧、代牧外，从事打工的只有 1.6% 的牧户（4 户），收入也在 2000~5000 元。总而言之，巴音郭楞乡绝大部分牧民的家庭收入低于巴州农民平均水平的一半。

（二）草原状况

畜牧业是这里的牧民世代经营并赖以生存的基础产业，这里水草丰美，草原辽阔，具备发展畜牧业的优越条件，牧民纯收入主要来自畜牧业，畜种有巴音布鲁克大尾羊和牦牛。20 世纪 80 年代，在牧区实行的草场和牲畜家庭承包经营责任制，极大地调动了牧民的生产积极性，牧民收入大幅度提高，牧区经济有了较快的发展。进入 21 世纪后，牧区增产增收的潜力虽有，但已趋于弱化，牧区社会发展也举步维艰，增收渠道越来越窄。其主要原因：一是近年来，由于超载过牧和各种自然灾害等因素，草原生态严重退化，草原生产力不断下降；二是由于牧区地理、气候、社会、历史等方面的原因，致使畜牧业生产未能适应市场消费需求。据有关资料的记载，巴音布鲁克草原草地总面积 2331.9 万亩，全年理论载畜量 113.66 万只绵羊单位，实际放牧牲畜 255.6 万只绵羊单位，牲畜总超载 141.94 万只绵羊单位。其中小尤鲁都斯草原理论载畜量 45.3 万只绵羊单位，而分布在这一带的巴州各县、兵团团场、乌鲁木齐牧场等大小 20 多个单位的实际放牧牲畜 138.3 万只绵羊单位，超载 93 万只绵羊单位；大尤鲁都斯草原（有两个乡、三个牧场，巴音郭楞乡位于该草原的西部）理论载畜量 68.36 万只绵羊单位，实际放牧牲畜 117.3 万只绵羊单位，超载 48.94 万只绵羊单位，其中 10 万只绵羊单位的牲畜是外单位、个人代牧的。多年来，当地牧民对天然草场只注重利用，忽略必要的建设和改良，加之近年来干旱多风，地表土被刮走，草根裸露，牧草再生能力被破坏，使绝大部分草场出现了不同程度的退化，其退化面积占草原总面积的一半以上，不少草场已经开始沙漠化。这一问题已经引起了自治区和自治州的高度关注，为从根本上解决草原退化这一问题，巴州和和静县在经过认真调研后于 2005 年出台了相关决定并实施了"退牧还草"工程和"人畜下山来　绿色留高原"工程，决定用 3 年时间，将巴音布鲁克草原 1400 户 6738 人转移至农区，减少草原载畜量。

（三）畜群的经营方式

巴音郭楞乡，包括整个巴音布鲁克区畜牧业经营方式是比较原始的，牧民继续走着他们熟悉的老路。在牲畜生存条件急剧改变的情况下，牧业生产条件无多大改善，牧民依然基本沿袭逐水草而居的传统放牧方式，靠天养畜，靠自然实现牧草更新。由于没有舍饲圈养条件，也没有定牧条件，牧民只能为牲畜合理利用不同季节的草场而迎大风接雨雪，其舍宿条件也极差。无论冬、夏，牲畜都在旷野露宿，一旦遭遇自然灾害，任凭大自然摆布，牲畜"夏壮、秋肥、冬瘦、春死"的现象在巴音布鲁克依然存在。据报道，20 世纪 70 年代、80 年代、90 年代，巴音布鲁克区先后 3 次遭受了暴风雪等自然灾害的袭击；2006 年 1 月和 2 月巴音布鲁克区的平均气温在零下 40℃，最低气温达到零下 43℃。2 月上旬连续降温后，气温又快速回升，该区 2 月 7 日最高气温达到零下 7.4℃，大量积雪融化使降雪表层结冰，造成牲畜觅食困难。由于气温回升较慢，积雪难以融化，给巴音布鲁克区牧业生产带来了不利影响，已造成 317 户 2670 人、150035 头（只）牲畜受灾。其中瘦弱牲畜 58839 头（只），死亡牲畜 11908 头（只），直接经济损失达 524.2 万元。有 140027 头（只）牲畜缺少饲草料。由于巴音布鲁克草原地势高，四面环山，属于高寒半湿润半干旱地带，全年无炎热期，无绝对无霜期，寒冷期长且多风雪，温暖期短，凉爽多雷雨。在这样的气候地区，传统的游牧方式很难达到稳定增产的目的，也很难使牲畜摆脱"夏壮、秋肥、冬瘦、春死"的怪圈。

牧户根据各自的畜群或需要来决定各自的放牧方法，目前有自牧、雇工放牧、合伙放牧和代牧等四种。多数牧民采用的是自牧的办法，这样做牧民顾虑少，生产和效益能够自己把握。雇工放牧的办法，一般为富裕户所采用，雇主给放牧者每月付高者 300 元、低者 200 元的放牧费，或付实物工资，即年终给放牧者多则 30 只、少则 20 只绵羊羔，此外还给少许粮食、茶叶、布匹、鞋子等实物。将两户或几户牧民的牲畜集中放牧的形式称为合伙放牧，这是一种轮流放牧的形式。代牧有两种，一种是一些自己从事第二产业，但又缺乏劳动力的牧户请人代牧牲畜的；另一种是一些生活很贫困的牧户给人放牧谋生的。代牧人所得报酬一般是实物工资，多为绵羊羔以及生活用品。

（四）生产成本高，增收渠道窄

畜群的大小往往体现了一个牧民家庭的生产能力。从巴音郭楞乡牧民拥有牲畜的情况来看，一个普通牧民的畜群规模一般为 50～80 只羊，多者达 100 多只；中等牧户为 200～300 只羊，多者达 400 多只；富裕户的畜群规模为 500～800 只羊，多者达 1000 多只。牧民一般每户有 1～2 匹马、几头牛，有些牧户没有牛；富裕牧户的牛、马则相对多些，少则十几头

（匹），多达几十头（匹）。贫困户一般有几只到十几只羊，也有无畜户。一般情况下，畜群越多，牧民增收的余地就越大，反之越小。但是，无论富裕户还是贫困户，他们靠牧业增加收入的可能性已越来越少了，其主要原因有以下两点。

一是生产周期长且成本高。就以拥有 200 只绵羊（其中大约有 60% 的绵羊为乡集体所有，即所谓的"铁畜"）的中等户来说，在正常年份拥有 170 只早春羔并自然放牧至出栏时为止的时间为 120～135 天，届时牧民要按规定给乡里交 20% 的提留畜即 34 只羊羔，自留来年的生产母羊 60 只，其余 76 只（牧民一般的出售规模少则 30～50 只，多则 100～200 只）出售，这样出栏率 56%，商品率达 44%，每只羊出栏时（包括劳动力工本 30 元/天×135 天、预防针及药浴费 4.50 元/只羊×200 只羊、水费 1.00 元/只羊×200 只羊、草场管理费 0.60 元/只羊×200 只羊等）的牧养成本达到 47.90 元，按往年的平均活畜价格（即 2004、2005 年）计算，每只羔羊的平均收入 95.78 元，除掉牧养及投入成本，每只羔羊的纯收入也和它的牧养及投入成本一样，即 47.88 元。也就是说，牧民每创收约 1 元，其成本也是 1 元。由此可见，牧民的收入在原地踏步，若遇到自然灾害牧业生产就会遭到挫折，牧民光靠牲畜去增产增收很艰难。

二是牧民活畜及畜产品的出售渠道窄，又卖不了好价钱。巴音郭楞乡距离县城、农区远，交通、通信落后，牧民们又分散在山区，地理位置处于劣势，不能够准确把握市场信息，畜群丰产了也不一定丰收。笔者在调研中问及牧民："您一般通过下列哪些渠道搜集牲畜（包括羊绒、羊毛、牛羊肉）价格信息？"时，竟有 70% 的被调查的牧民是"通过电话（手机）问在城镇的亲戚""朋友"和"各类社会关系"来了解市场信息，而 30% 的人是通过"政府部门"了解市场信息的。由此可见，牧民对畜产品流通信息了解较少，主要靠亲戚朋友和社会关系传递市场价格信息，而亲戚朋友又能在多大程度上了解畜产品行情呢？就算牧民掌握了畜产品市场信息，主动权也不在牧民手中，而常常掌握在个体商贩手中。由于路途遥远，运输费又贵，所以在牧区很少有牧民自己将活畜运到市场上去销售。如果个体商贩不在牧区收购活畜及畜产品，牧民想卖也卖不出去，出现"卖难"现象。所以牧民出售活畜及畜产品往往被压价，受制于人，在销售环节上失去了应得的利益，从而无法体现活畜及畜产品的优质优价，使牧民的畜产品交易长期处于不利的处境，直接参与市场交易的几率几乎为零。这个牧区里面没有通电，没有电话，一些边远牧场也没有公路，个别牧民只有通过手机与外界沟通。至于其使用情况，笔者还特意向牧民了解了一下，牧民反映当地是山区，手机在有些地段有信号或信号不佳，有些地段无信号，万一有重要事情，非得找个信号好的地段不可，一般情况下用不上手机。可想而知，牧区交通通信落后、信息闭塞，牧民几乎没有正常的获取信息的渠道，使牧区社会流动基本上处于停滞状态。

总而言之，牧区牧民经济收入来源单一，且其收入的高低既与气候的好坏也与市场价格的波动有着密切的联系。对前者牧民只能"束手无策""听天由命"，对后者则只有"不谙规则"或"任人宰割"的份儿。

三 牧民生活状况

（一）牧民生存环境恶劣，居住条件差

巴音郭楞乡乃至巴音布鲁克区的牧民们，以辽阔的天然草原作为他们生存的基础，以牛、羊等牲畜作为他们的基本生产、生活资料，但这个辽阔的草原地处 2400 米以上高原，海拔高，冬、春大雪覆盖，严寒多风，年均气温零下 4.7℃，极端最低气温零下 48℃，且冬长夏短，极端最高气温 28℃。在这里生活的牧民为了生存，只能被动地适应这恶劣的地理、气候和生产、生活条件，至今维持着"人逐水草而居，畜逐水草而牧"的游牧生活，严重制约了牧区的发展。巴音郭楞乡的乡领导说，他们乡的牧民 90% 以上达到半定居，但笔者发现这里（也可以指整个巴音布鲁克区）的半定居不像新疆的其他地区一样实现了真正意义上的半定居，这里所谓的"半定居"状况有如下含义：牧户连同毡房和自己的全部家当随牲畜一年四季

迁移放牧（冬季 1~2 个劳动力带帐幕放牧），而家中的老人和小孩每到入冬时只在冬、春牧场定居。所以牧民的生活仍然是跟着自然的季节变化走。就是冬、春牧场的所谓定居点也是分散定居模式，在牧户各自所属的草场分散地居住在草原深处，与外界的交流接触极为不便。夏、秋两季牧民都住毡房，这对一家几口人来说，其居住确实拥挤，面积只有 9~10 平方米，定居点的住房是土木结构，居住面积一般在 15~40 平方米。分散在冬春牧场的定居点距县城远则 350~400 千米，近则 300 公里；距离其乡政府远则100~150 千米，近则 20~30 千米。在冬、春牧场难以解决的是水，牧民只好化雪水饮用或从远处用坐骑拉水，这里更是没有通电、通电话、通广播电视，也没有医务室和文化室。每当盛夏，牧民们移牧到水草丰盛的草甸草原的时候，才是他们离乡政府和区公所最近的时候，其距离近则有七八千米，远则 15~20 多千米，也就是牧民们离购物、看病、丰富饮食、娱乐和看热闹的距离最近的时候。

（二）生存成本高

制约和影响牧民在牧区发展的最主要因素是生存成本高昂，恶劣的地理、气候条件及牧民居住的分散和游动，使牧民的生活支出远远高于农区。据有关人员依据当时的统计资料粗略测算，"牧区食品类支出为农区的一倍以上，衣着类支出、子女教育支出、交通通信支出均为农区的两倍以上"。这个测算结果时隔两年后（即 2006 年），从和静县对巴音郭楞乡及巴音布鲁克牧场共 10 户牧民的住户调查资料中再一次得到印证。据这个 10 户牧民的住户调查资料显示，牧民平均每人全年支出是：食品消费支出 2120.19元，比农区（依据《2006 年新疆统计提要》：2005 年农村居民平均每人全年食品支出为 803.82 元）农民的支出多 2.6 倍多；衣着消费支出 461.13元，比农区农民的支出多 2.7 倍多；子女教育支出 508.49 元，比农区农民支出多 3 倍多；交通通信支出 218 元，比农区农民的支出多 1 倍。另外，牧区居住分散，多数牧民的孩子从小学开始就上寄宿制学校，其生活费用也是一笔不小的开销。这样，牧民一年下来没有多少积蓄，扣除最基本的吃、住、穿、行的生存成本后，所剩无几。牧区这种长期以来的高生存成本、低收入水平，使牧民中大部分人入不敷出，负债累累，家底微薄，改善无望。

四 牧民健康状况、医疗条件及其生活方式

健康是人们最基本的需要。而这一点也在巴音布鲁克牧区很成问题。牧区生产力水平较低，生活环境比较落后，这是众所周知的，那么，牧区牧民的健康状况、医疗条件和健康生活方式的现状怎样？

（一）牧民的健康状况

为了了解牧民的健康状况，笔者对牧民所作问卷调查中的一个问题是："您对您的健康状况如何评价？"对此，牧民最多的回答集中在"很好"，占61%；其次的回答为"好"，占27%；其他依次为"一般"和"差"，分别占9.5%和2.3%。由此可见，牧民对自身健康的感觉良好。在问及"您在每几年中做一次体检？"时，回答比例最高的首推"一年一次"，占42%，其余还包括"感觉不对劲就做"（占31%），"五六年一次"（占21%），"有体征就做"（占6%）。由此可见，在牧民中认为定期体检、及时求医、早期发现、明确诊断，不少疾病都可以有效治疗甚至可以治愈的意识也不在少数。但令人惊讶的是牧民们是如何做到一年一次的体检的呢？笔者就此问题向填卷者质疑，经过一番详细的了解后，发现许多牧民存在不同程度的健康问题，如患有包虫病和肺结核者大有人在，他们不得不去做一年一次的体检。所以，牧民在问卷中回答的是隐瞒的情况，并不是真实情况。他们的实际情况比我们想象得严重得多，结核病传染性强，当排菌病人咳嗽、打喷嚏、大声说话时，其喷出的带有结核菌的飞沫都会造成对他人的感染，而这里的牧民居住简陋且拥挤，又缺乏卫生常识，这些使他们成为传染病最易爆发的一个群体。据有关部门的反映，巴音布鲁克区牧民的人均寿命只有58岁，由于巴音布鲁克区恶劣的气候条件，牧民的患病概率相

对较高，加之经济落后、生活条件艰苦、医疗条件差，该地区成为关节炎、心脑血管病、高血压、高血脂、结核、乙肝、包虫病、胆结石等疾病多发区。多年来，结核病一直是巴音布鲁克区的一种重要的危害牧民身体健康的慢性传染病。所以，这一地区牧民的健康状况还是令人担忧的，其医药费（虽然对结核病进行免费治疗）更是一笔沉重的负担——虽然他们参加了新型农村合作医疗，但对于手头并不宽裕的牧民来说，其支付需要个人负担的医疗费用也成问题。牧民一旦生病，往往要变卖一些家当——牛和羊来治病或能拖就拖，往往到病情严重时才去就医。因此，多数牧民得了病没钱就医的问题对巴音布鲁克牧区牧民生活质量的提高及牧区小康的建设已是一个很大的牵制，严重制约着牧民们正常的生产和生活，成为牧区最突出的社会问题。

（二）医疗条件差

牧区乡卫生院和村卫生室承担着牧区预防、保健、医疗、康复及爱国卫生等工作，是直接为广大牧民提供服务的基层卫生机构。可是巴音布鲁克区内的乡卫生院和村卫生室远不能和农区乡卫生院和村卫生室相比，其医疗条件太差。这里的牧民无法像城镇居民和农民一样非常便利地就近得到就医，其所得到的医疗服务水平也远远低于城镇居民和农区农民。特别是目前，牧区缺医少药、设备落后的状况非常严峻。据牧民说，在整个巴音布鲁克区内村一级的卫生室已经名存实亡，而乡一级的卫生院一般有 2 名医生、3 名护士和 1 名管理员或收费员，5 个床位，笔者所调查的巴音郭楞乡的卫生院也是这种规模，主要功能是发挥治疗感冒、打针等简单的处理作用，药价也因增加 15% 的运费而比农区贵，其医疗设备和农区卫生院二三十万元的医疗设备没法比，仅值 1 万 ~ 2 万元：体温表、血压计、听诊器、心电图仪、消毒锅等一般的设备，而 B 超、医用电冰箱以及一般检验设备等都未配齐，这很大程度上制约了卫生院的检查诊断和治疗水平，多半医务人员的素质偏低，也没有哪个卫生院有病历及诊断记录，只是简单的登记而已。这种状况导致一些稍有保健意识的牧民一旦患要紧点的病就要往巴音布鲁克区公所所在地的医院（骑马近则半天的路程，远则一天的路程；巴音布鲁克区公所是县在牧区的派出机构，其所属医院的规模和医疗设备条件仅接近于农区乡卫生院）跑，或不得不远赴数百千米外的县城求医。加之牧民的居住分散且游牧于偏远山区，因而牧民对牧区卫生院医疗服务的利用率很低，特别是冬季大雪封山，牧民无法出山看病；春季来临，牧民为了一家人的生计，进山放牧，无暇看病。据说有些牧民趁下山之际买回一些药品、酒精和注射器，自己配药、输液，从而使乡卫生院成了空架子。笔者在巴音郭楞乡的调查中问及"您在牧区看病方便吗？"时，回答比例最高的首推"交通不方便"（占51%），其次的回答为"牧点离牧区卫生院很远"（占34%），而"看病不在远"（占13%）。由此可见，造成牧民看病难、看病贵的原因除医疗机构自身因素以外，也有牧民居住分散、交通不便的原因。但令人惊讶的是，在被问及"您对牧区医疗条件、服务质量满意吗？"时，作出肯定回答的倒占了39.9%，而作出否定回答者只占了22.7%，有37%的牧民认为是"一般"。当问及"您觉得看病难、看病贵的问题在牧区还严重吗？"时选"一般"的牧民占42%，选"严重"的占41%，选"不严重"和"很严重"的分别占9.9%、7.6%。这就是说，牧区目前的医疗条件是被大多数牧民接受的，这就很令人深思了。为什么会如此？问题的核心是牧民太"宽怀大度"——观念陈旧、思想落后、整体文化素质低下，对于当前牧区的医疗条件他们也没有自己明确的意见和要求，对自身应有的合法权益，认识也模糊。所以从一定意义上说，牧民的无诉求能力决定了他们牧区的医疗条件。当然，政府也有一定的不可推卸的责任，这是因为牧民人口较少，居住分散，因而他们的合法权益往往被忽视。

（三）新型农村合作医疗与存在的问题

2003年11月根据巴州人民政府指示精神，和静县人民政府与中华联合财产保险公司（即兵团保险公司，现在称作中华联合财产股份有限公司）签订了为期三年（2004年1月至2006年12月）的巴音布鲁克区新型合作医疗保险协议书，从而在全州范围内率先将商业保险引入巴音布鲁克牧区合作医疗工作中，实行了新型农牧区合作医疗及住院医疗保险试点。政府作为投保人代表牧民投保。保险基金由州财政给每一名牧民投入60元，牧民个人年均交60元，共计120元，实施巴音布鲁克区级统筹和家庭个人账户相结合方式。其运作模式是：所缴纳的合作医疗保险费中，按人均95元建立合作医疗住院统筹基金，按人均25元以家庭为单位建立家庭个人账户基金，合作医疗住院统筹基金与家庭个人账户基金单独核算，分账管理，住院统筹基金用于支付住院医疗费用，家庭个人账户基金用于支付门诊医疗费用，以劳动保障部门认定的社保定点医疗机构作为定点医院，在本县定点医院就医实行直接结算。住院费用补助的起付线是：乡卫生院100元，县级医院200元，地市级医院300元。医疗费用的补助比例是按医院级别和所花费用的多少来规定报销的比例，即乡卫生院有75%、80%、85%，县级医院有71%、75%、80%，地市级医院有65%、70%、75%等不同的比例。这一保险业务在巴音布鲁克区开展以来，过去看不起病、不敢看病、因病致贫、因病返贫的状况有所改进，牧民小病不出牧区，大病转院治疗，参保牧民看病时不用付现金，持卡就能去定点医院看病。出院时只需交纳按补偿比例应当自付部分，其余部分由保险公司与定点医院直接结算，减少了牧民看病时的直接付费金额，解决了牧民为看病筹措现金难的问题，这样牧民有了医疗保障，他们从新型农村合作医疗中切实得到了实惠。据了解，截至2006年10月底，牧区合作医疗工作已覆盖巴音布鲁克区4个乡、3个国营牧场和1个扶贫开发农场的11985人，农牧民参合率达84%。通过对巴音郭楞乡调查显示，该乡2006年参合人数为1524人，占全乡人口的83%之多，平均住院率为9%，即165人次，可见新型农村合作医疗在牧区的实施获得了广大牧民群众的支持和参与。对该乡的问卷调查也表明，有86%的牧民认为农牧区合作医疗给他们的家庭带来了实惠，只有14%的牧民认为"实惠"并不明显或一般。可以看出，绝大多数牧民群众对农牧区合作医疗的实效持充分的肯定态度。

2006年12月，和静县与中华联合财产保险公司签订的为期三年的巴音布鲁克区新型合作医疗保险协议书已到期。据悉，自治区将和静县列入了新型农村合作医疗试点县，所以，牧区的合作医疗工作将从 2007 年 1 月起被移交和静县人民政府卫生局管理。据了解，卫生局设立了县、乡两级的新型农村合作医疗管理制度，设县、乡两级医疗管理办公室。由中央政府每年给每人补贴 20 元，自治区补贴 10 元，州财政补贴 10 元，县是根据本县的财政状况补贴不低于 10 元，而和静县的县长表示每人补贴 20 元。这样，由中央到地方四级共补了每人 60 元，牧民个人交 30 元，合计 90 元。报销的比例是参照全疆的三个统一目录的规定作了调整：乡卫生院 70%，县医院 55%，县以上医院 40%。可以看出，与前者的报销比例相比，后者的比例有所降低，但牧民所缴的参合费也减了不少，这一点也比较切合牧民的经济状况。也就是说，前者采用递增规则，即随费用的增加，高段费用的补助比例依次递增，递增规则对防止受益人因病返贫的作用更大；后者采用递减规则，即随费用的增加，高段费用的补助比例依次递减，递减规则有利于控费，扩大受益面。所以两者的立足点不同，其采用的方案也各异，而采用何种方案，应根据当地具体的经济水平和疾病状况来确定。

总而言之，无论是前期的商业保险所开展的牧区合作医疗，还是政府接管后的牧区合作医疗，都在起着缓解牧民因病致贫、因病返贫作用。特别是农村合作医疗在牧区的存在和发展有着极其特殊的意义：它在减轻农民因疾病带来的经济负担，提高农民健康水平，缩小城乡的社会差距，扭转不平衡的社会结构，促进社会的可持续发展等方面都具有重要意义。

虽然新型农村合作医疗在牧区搞起来了，牧民也乐于接受了，但仍存在许多问题，具体表现为以下几个方面。

1. 牧民的交通问题依然堪忧

由于牧区地处偏远的山区高寒地带，这里没有四通八达的交通工具，只有马。牧民全家游牧于荒野，离县城、巴音布鲁克区公所所在地医院及乡卫生院遥远，为了畜群，牧民"挺进"深山放牧，这样使本来就"路遥知马力"的路程拉得更长更艰辛，使牧民自己看病的概率变得微乎其微。特别是冬季大雪封山，牧民更是无法出山看病，使得"后方医院"只得忍着寂寞守"空房"。而春季是接羔的季节，牧民的工作最忙最累，无暇看病。这些因素造成牧民医疗服务的利用率很低，客观上也造成了商业保险公司年年有"赢利"的局面。笔者所作的问卷调查也从另一个侧面说明了这一问题，当问及"假如您生病将会采取何种措施？"时，竟有大量牧民称"观察几天再说"（占46%），这真是万般无奈之举。其次的回答为"及时到医院治疗"（占41%），"找蒙医看病"（占9.1%），"能熬则熬"（占5.3%），"找喇嘛念经"（占0.4%）。由于交通不便，牧民生病后往往小病忍着能拖就拖，等到病情严重时才来就医的状况在牧区极为普遍，但这种状况长期以来没得到政府和卫生机构的应有重视。要让牧民真正受益于新型农村合作医疗，那就得首先确保牧民交通上的便利，或让牧民能够在牧点就近看病，有医有药。

2. 牧区医疗机构条件有待改善

牧区医疗基础条件滞后，远远不能满足牧民的就医需求，他们看病享受到"距离近，便捷"高质量的医疗服务困难重重。据牧民们反映，巴音布鲁克区最基层的村卫生室，因多年来无法保证村医的工资待遇而未能正常运转。而牧区乡卫生院的现状也不容乐观，卫生院的病床使用率很低，因为其医疗设备陈旧简陋，医疗服务水平低，牧民们不愿去就诊或导致牧民舍近求远到真正意义上的乡卫生院（即巴音布鲁克区医院）或县级医疗机构就医。许多乡卫生院在运转中遇到的资金不足、没有钱更新设备和进行医务人员的培训、卫生院及其职工的冬炭费（即采暖费）等问题也长期得不到解决，影响了职工的工作积极性。这些问题的长期存在，说明了这些问题没有得到当地政府应有的重视。所以，要让牧民真正受益于新型农村合作医疗，政府就得加强牧区乡卫生院和村级医疗机构的建设，加大对基础设施建设的投入，逐步配备必要的医疗卫生设备，改善医疗硬件，并采取有效措施遏制牧区医药费用不合理增长的现象，为牧民提供安全、有效、价廉的医疗卫生服务，从而减少牧民群众医疗费用负担。强化人员的技能培训，提高医疗保健服务水平，确保牧民能够就近看病，增大牧民的受益面。

3. 预防为主的医疗保健服务宣传有待加强

由于巴音布鲁克区恶劣的地理、气候条件，牧民的患病概率相对较高，而结核病等极具传染性的疾病是通过空气传播的，牧民又缺乏疾病防范意识和必要的卫生保健常识，加之其居住拥挤，牧民成了传染病最易爆发的一个群体。所以，加强预防疾病的宣传，提高牧民的自我健康保障意识是行之有效的办法。政府要在切实加大对基础设施建设投入的同时，加大宣传力度，包括采取进村入户等多种方式广泛发动群众，做到人人明白，家喻户晓，普及卫生保健常识，引导牧民树立"早预防、早防治"的科学、卫生、健康观念和生活方式。乡卫生院和村卫生室也是进行医疗保健服务宣传的重要载体，要加强巡回医疗，在发展牧区巡回医疗的同时，也要抓好预防工作，预防为主，提前治疗。

（四）牧民的生活方式

地理环境、气候环境和居住条件与人们的身体状况紧密关联，文化水平的高低、卫生习惯的好坏、生活方式的合理与否，同样与人们的健康和寿命息息相关。文献报道，健康和寿命60%取决于自己（个人因素），5%取决于遗传，10%取决于社会，8%取决于医疗条件，7%取决于气候。由此可见，在这几个因素中，生活方式是最主要的。牧民的游牧生活方式在很大程度上决定了他们的生活方式——生活习惯落后、文化水平低、卫生条件差。当然，牧民的生活方式还不只这些方面，这里笔者只是举例而言，但仅就这几个方面，我们不难看出，牧民的生活方式是与其游牧生活密切相关的。那么巴音布鲁克牧区牧民的生活方式的现状怎样？现状除了生活习惯落后、文化水平低、卫生条件差等因素外，还表现在以下几个方面。

1. 饮食习惯

巴音布鲁克牧区牧民的饮食，是以肉食为主的单一结构，仍然依赖于牛羊肉，属高脂肪饮食区，从营养科学来说，它富有营养且有助于生活在高寒山区的人们抵御寒冷。面粉、大米等谷物和食用油的消费比重仅次于肉食。牧民也食用蔬菜，而只是在夏季，且依赖从农区调入，冬季蔬菜放不住。所以牧民食用蔬菜的比重很小，饮食单调。这一点，也可以从表1-4中牧民家庭的全年食品支出的构成看出。

表1-4 牧民家庭的全年饮食

单位：元，%

食　　物	价　　值	占　　比
肉	4295.90	58.6
谷物（面粉、大米）	2101.30	28.6
食用油	560.85	7.7
蔬菜及制品	285.25	3.9
茶叶	85.70	1.2
总　　计	7329.00	100.0

资料来源：根据2006年和静县统计局巴音布鲁克牧区住户调查年报表资料计算。

由表1-4可见，牧民的饮食中肉类的比重竟占了58.6%，牧民的这种肉食比重，几乎跟农民的食物中蔬菜所占的比例差不多。这也许说明了牧区牧民的心脑血管病、高血压、高血脂等疾病的患病率高于农区农民的原因，而且这里的牧民人均寿命只有58岁。基于这一点，笔者在巴音郭楞乡的牧民中也作过相关的问卷调查，当问到"您认为哪些因素影响牧民的寿命"时，有超过一半（67%）的牧民认为是由于"高寒天气"的影响，而认为是"不良饮食"影响的仅占11%，其余依次为"有病不及时就医"（38%）、"酗酒"（9.1%）、"不清楚"（2.7%）等。笔者也赞同多数牧民所谓的"高寒天气影响寿命"的说法，依据为以下两点：一是当地高寒恶劣的气候；二是当地人的看法，认为这里除了生长寿命较短的草本植物外，不长寿命较长的木本植物。当然到底是否有这些因素，还有待于科学家们的研究和发现。但综合各种因素看，不合理的饮食结构是巴音布鲁克区牧民寿命短的主因。因为目前巴音布鲁克区的牧民的饮食结构与其先前有所不同，而先前牧民的饮食结构有其合理的一面，笔者在这方面也曾发表过文章。其道理很简单：先前牧民在冬、春以肉食为主奶食为辅，而夏、秋时节以畜乳和乳制品为主的饮食习惯，具有特殊的意义。奶食可以起到滋补和防病治病的作用，尤其酸马奶是牧民消夏之上等饮料，解渴、解饿，且有良好的健胃作用。它不仅能作为药物起到治疗作用，而且还可以激活人体固有的自然治愈力。据医学书籍，相当于人体身长 6 倍的胃肠消化道，迂回曲折盘旋在狭小的腹腔里，肠壁生有绒毛帮助消化，天长日久肠壁会自然增厚，在这些肠道褶皱处，绒毛间会积存一些未被排出体外的渣滓污物。这些废物滞留肠内，在体温下就要腐败变质，分泌出毒素，进入血液、带到全身，侵袭器官，形成各种疾病。先前牧民夏、秋时节以畜乳为主的饮食习惯，客观上恰好促使肠道中冬春以来积存的渣滓废物和多余脂肪的排出，使之不再危害人体健康，从而靠人体的自愈力驱除疾病，恢复健康。尤其酸马奶中含有人体需要的多种氨基酸，而且乳酸、脂肪酸、蛋白酶的成分居多，故有降低血脂的作用，对预防和治疗动脉粥样硬化、冠心病、脑血管意外以及抑制肿瘤生长等有一定的意义。而如今牧民的饮食中畜乳和乳制品极少，甚至牧民放牧畜群却喝不上奶茶，其中畜群结构（羊多奶牛少，马更少）是一方面的问题，更重要的原因是新一代牧民不愿意起早贪黑地挤奶做乳制品。所以，新一代牧民的单一饮食不可避免地会吃出健康问题。新近的医学研究（不是以巴音布鲁克牧区为对象的，而是北疆的某个牧区）再一次证明得心血管、高血脂的原因与饮食有关。所以，巴音布鲁克牧区牧民所能选择的最重要的生活方式之一就是养成健康的饮食习惯，改善饮食结构。

2. 诸因素与人口问题

巴音布鲁克区牧民的居住条件、卫生条件差。按照现代健康卫生标准衡量，牧民一家人在糟糕的、面积只有 9～10 平方米且四季迁移的蒙古包内拥挤地居住在一起，而且他们在一个更糟糕的严寒多风的高原气候的环境下生存，当高寒恶劣的气候长期作用于人体，或者超过一定限度，就要危害健康，引起疾病，甚至造成死亡。在牧区常引起牧民致病的还有布鲁氏杆菌病和包虫病，虽然流行于牧区的这些病目前已得到控制，但无法彻底消灭它们，其传染途径为消化道和牧民接产、饲养和屠宰病畜时，细菌经人的皮肤、黏膜感染，对牧民的健康危害极大。过多的外部影响的作用、生活水平的偏低、不合理的饮食结构以及医疗保障体系的不完善,所有这一切都是促成巴音布鲁克牧区牧民寿命短的重要因素,这些因素也直接决定了该区过低的人口自然增长率,甚至有些年份出现了人口的负增长。笔者在巴音郭楞乡经过调查所了解到的情况也说明了这一问题。参见表1-5。

表1-5 巴音郭楞乡人口出生率、死亡率、自然增长率

单位:人,‰

年份	年底总人口	出生率	死亡率	自然增长率
2001	2076	15.41	13.96	1.44
2004	1749	14.86	10.86	4
2005	1682	8.91	11.29	-2.37
2006	1666	5.40	3.60	1.80

资料来源:根据巴音布鲁克区公所提供的数据计算。

从以上数据可以看出,人口出生率与死亡率之间的对比关系,直接决定着人口的自然增长率,与农区相比,巴音布鲁克区的人口自然增长率处于令人担忧的最低状态。2005年,甚至处于缩减的状态,即增长率为负值,情况可谓极度严重。据有关资料显示,人均寿命是衡量一个地区公民健康状况的综合指数,而巴音布鲁克区牧民目前的人均寿命不超过58岁,处于全国最低水平。面对以上诸因素的困境,牧民健康生活的出路或者其解决的最好办法就是牧民需要新的生活方式,而新的生活方式在很大程度上意味着向传统的生活方式挑战。因为,若没有一个好的劳动条件、居住条件和卫生条件,也不能改变牧民目前的状况。

3. 饮酒的情况

蒙古族无论在婚丧嫁娶,还是送礼待客、祭祖祀天等场合,早已把酒作为必备品,酒也成了其传统文化和风俗习惯的一个内容。但任何事过犹不及,以酒助兴,以歌伴酒,尽情地唱,尽兴地饮,好不欢乐,好不痛快的风气曾在巴音布鲁克牧区风行一时,当然这一风气的形成与牧区单调乏味的生活和这一地区寒冷的气候是息息相关的。笔者在调研中,专门走访了牧区的几名干部,他们都称"那种过量饮酒的状况已不复存在"。随后的调查结果显示:不喜欢喝酒的占19%,根本不喝或滴酒不沾的占11%,被迫喝的占 1.1%，亲朋好友相聚时喝的占 17%，喝酒有节制的占 16%，其次的回答为"很少喝""节假日喝""酗酒"等。也就是说，有 30% 的人不喜欢喝酒或滴酒不沾，33% 的人喝酒有节制或为了应酬，其余的人是"很少喝"或"节假日喝"，而酗酒的是 2.7%。由此可以看出，绝大多数牧民对饮酒有加以控制的意识，这与笔者访谈中得到的结论相互印证，基本一致。但无法了解究竟是健康原因还是健康意识或者是经济因素在决定控制自己饮酒行为的过程中起着更为主要的作用。不过我们从牧民对以下问题的认同可见一斑：当问到"提高牧民的生活质量首先从健康的生活方式抓起。请问您同意还是不同意这种说法？"时，完全同意的占 44%，同意的占 55%，不同意的占 0.8%。也就是说，有 99% 的牧民对上述提问的观点表示认同，可以看出，牧民在决定控制自己的饮酒行为的过程中健康意识肯定起着主要的作用。

五 牧民的精神生活状况依然堪忧

在巴音布鲁克牧区，由于自然的、历史的原因，牧民居住非常分散，通路、通电、通邮、通广播电视等基础设施建设成本高、难度大，导致牧区的基础设施建设严重滞后，牧民的文化素质、精神面貌很长时期以来无法改观，反而导致了精神上大面积的荒芜。虽然近 5 年来，国家实施的"广播电视村村通"工程在巴音布鲁克牧区建成开通（信息、节目靠空中接受——收音机、电视），其有效覆盖率达 80%，从而结束了这里的牧民过去听不到广播、看不到电视的历史，但不通电的牧区每家每户还得购置太阳能电源，才能如愿地看上 5 套电视节目。虽然小型太阳能设施不算太贵，但对于绝大多数贫困牧民来说，是无法承受的。据有关调查资料的显示，在巴音布鲁克牧区家庭电视机普及率较高的只有巴音郭楞乡，达到每百户 60 台，而其他乡及牧场的普及率都很低。在牧区除了 8 月的那达慕大会外，没有别的文化娱乐活动，牧民的生活范围仅仅局限于荒野和住处之间，放牧后的娱乐是晚上有电视机的人家一家老少挤在一台电视机面前看电视，没电视机的人家则听收音机或"面面相觑",打发时间。

为了更深层次地了解目前牧民的日常生活,笔者对巴音郭楞乡的牧民进行了相关的问卷调查。当问及"您在日常生活中,平均每天用多少时间做下列事情?"时,除了正常的工作和睡觉时间外,听广播的人不超过 1 小时的占 37%,不超过 2 小时的占 17%,2 小时以上的占 5.7%;看电视的人不超过 1 小时的占 6.1%,不超过 2 小时的占 44%,2 小时以上的占 14%;看报刊的人不超过 1 小时的占 18%,不超过 2 小时的 8.7%,2 小时以上的占 0.8%;读书的人不超过 1 小时的占 15%,不超过 2 小时的占 8%,2 小时以上的占 2.3%。笔者认为前两个选项的真实性符合客观实际,据了解,在巴音布鲁克牧区牧民能够收看的电视节目为内蒙古电视台蒙古语频道,除此之外,还有新疆人民广播电台和中央人民广播电台(实际上由新疆人民广播电台转播该台的节目,时间长度只有两个小时)蒙古语节目。牧民们反映内蒙古电视台的蒙古语频道节目除了春节联欢晚会外,平时的节目都单调乏味。后两个选项回答的真实情况有掩饰之嫌,其真实性受到一定的影响。因为笔者在入户访问中从未发现有关可阅读的书籍、报刊,这是笔者的根据之一,根据之二是牧民几乎没有订阅书刊或购书的习惯,笔者走访了巴音郭楞乡里面负责邮件的收发人员,反映没有一个牧民是个人订阅报刊的。

虽然政府在巴音布鲁克牧区给各乡、村都建立了文化站、文化室,但那实在是微不足道的。就做得较好的巴音郭楞乡来说,其文体活动形式单调,内容过于陈旧,图书资料有 3500 册,文体设施器材只有一张台球桌。而所谓的村文化室,虽然乡乡都声称:村村都有文化室,但是由于缺乏设施器材和图书资料,沦为"空壳文化室"。这样的一所谈不上辐射功能的文化站、文化室自然就吸引不了牧民的兴趣爱好,这是问题的一个方面。问题的另一面即重要的一面就是牧民人口的分布特征,导致了乡文化站、村文化室被"闲置不用"的糟糕局面。乡文化站都建在乡机关所在地,而牧区牧民是居无定所,加之地处偏远、交通不便,使牧民享用文化资源的可能性变得微乎其微。另外,受经济发展水平和文化素质的制约,巴音布鲁克牧区的牧民文化消费能力很弱。以上因素导致牧民远离精神生活，逐渐被边缘化，其直接结果是牧民的文化生活单调枯燥，精神食粮极为贫乏。

六　牧民对牧区现状的评价及对生活的期望

由于被社会边缘化的游牧经济和文化教育的落后，限制了牧民的眼界，又因为闭塞的环境和传统的观念制约了牧民的思维，从而使他们对当前的生存状态缺乏危机感。牧民捍卫自己的合法权益和表达意愿的能力也远远低于农区农民。所以，在很长的时间里牧民的意见、期望并没有被反映出来。迄今为止，牧民的意愿，往往是由基层干部转达，或者由具有声望的领导提出。笔者为了了解牧民的意见、意愿而进行了一些问卷调查，并根据调查结果进行以下分析。

（一）牧民对牧区社会现状的满意度不高也不低

在对生活满意度方面，调查结果表明，有50%的被访者对目前的个人生活状况感到满意，有41%的被访者对目前个人的生活状况感到基本满意。不满意的占6.5%，很不满意的仅占0.4%还有2.1%的回答是"不知道"。这说明总体上牧民对目前个人生活状况还是较为满意的。牧民在对目前牧区的经济发展状况的满意度，也与其个人生活满意度基本接近（不知是什么原因，笔者没有对此细究，但可以肯定牧民是不愿谈自己真实的想法而人为拔高，因为以下很多问题的摊开使牧民吐露了心声）。当问及"目前牧区的经济发展状况如何？"时，有14%的被访者对目前牧区的经济发展状况表示很好，有17%的被访者认为目前牧区经济发展状况良好，另有55%的被访者表示目前牧区的经济发展状况一般，也有7.2%的被访者表示目前牧区的经济发展状况不好，而2.7%的被访者表示不了解目前牧区的经济发展状况。由上述情况，我们似乎可以认定牧民对目前的个人生活和牧区的经济发展状况是满意的，然而令人稍感惊讶的是，当问及"您认为牧区经济发展缓慢的原因是什么？"（可选三项）时，选择"科学管牧不强"

"文化水平低""政策好，但执行的不好""信息闭塞，交通不便""草场严重超载"的分别占70%、65%、43%、40%、40%；而选择"牧民观念不解放"的只占24%。可以看出，牧民虽然对牧区社会的现状是满意的，究其实还是大有自己的看法，而且还表现出自己不再是"墨守成规"的牧民。牧民对牧区的一些看法，具体表现为以下几个方面。

1. 在牧区和政府主要存在的问题

通过牧民的眼光、看法去了解当前牧区社会中存在的问题，是笔者问卷调查中的一个内容。本次调查结果显示，牧民对自己目前生活水平的评价低，当问到"您认为当前牧区社会中存在的主要问题是什么？"（多选）时，高达71%的人认为牧民的"生活质量低下"，66%的人认为牧民的"文化生活单调"，49%的人认为"两极分化"，还有48%的人认为"草场退化"。从这些选项可以看出牧民们正视了自己贫困的严重性，提高牧民的生活水平，还需要做很多的努力。这既是牧民的呼声，也是当地政府和社会各界值得予以关注的问题。

尤其是牧民对政府的评价也很低。当问及"您对区（乡）政府的整体印象如何？"（多选）时，有38%的人表示政府社会信用度高，36%的人表示政府管理效能低下，27%的人认为政府社会信用度低，24%的人表示政府政策法规不配套，23%的人表示政府开放意识不强，改革措施不到位，19%的人表示司法不公，有法不依。如此一来，调查结果显示绝大多数牧民对政府的工作效能不满。虽然政府做了许多工作，但给牧民带来的实惠并不多，大多数牧民的生活水平很低，政府部门今后的工作也任重道远。

2. 牧区所需要的人才和改善的项目

调查显示，牧区最需要的人才依次是：兽医、医生、管理人才、经纪人，其所占被调查人的比例依次是91%、89%（注：此题为多项选择题，在问卷中多选题的设计又极个别，但也有多数人对几个单选题同样采用多选方式回答，故统计时也就按多选值相加）、32%、8.9%。目前在牧区缺医少药的问题虽逐步得到缓解，但没有得到根本解决，牧民所得的疾病较农民、城镇居民严重，但问卷调查表明，牧民对畜群疾病给予的关注超过牧民对自身健康的关注 2 个百分点。这是因为如何提高牲畜的保存率、成活率和增长率，是畜牧业经营的关键所在。牧民的生计完全依赖于他们的牲畜，而疾病、自然灾害随时可以剥夺靠天吃饭的牧民的生存依靠。所以，"兽医"在牧区所需人才排序中占第一位，是牧民一个本能的无可奈何的选择。

在问到"您认为，牧区最需要改善的项目是什么？"时，有 59% 的人回答"草场改良"，48% 的人回答"牧民定居"，18% 的人回答"人畜饮水"，11% 的人回答"牧道修筑"。由此可以看出，目前牧区最需要改善的项目仍然是牧民维持生产、生活的民生问题，可见牧民的处境太艰难了。

3. 对于政府的牧民定居政策的看法

通过调查显示，巴音布鲁克区牧民对政府的牧民定居政策的同意程度表现为：非常同意者比例为 41%，同意者比例为 46%，无意见者比例为 5.3%，不同意者比例为 11%，非常不同意者比例为 0.4%，也就是约有 90% 的牧民愿意定居，10% 的牧民持反对意见。从这个结论看出牧民的观念在转变，他们已认识到定居对改善人居环境的好处、对子女教育的好处、对改善交通状况和提高生活质量的好处，等等。那么，牧民走向定居的主要阻力是什么呢？对此，牧民最多的回答集中在"基础设施（水、电、路及其他）不够健全"，占 28%；其次的回答为"怕牧户份地的面积缩小"，占 21%；其他依次为"留恋游牧""政府牧民双方都未能很好配合""政府投入不够"。将以上回答归根到底，就是牧民很大程度会考虑政府在定居工程上的供给是否充足和自己日后的生计出路。这是由于习惯于逐水草而居的游居生活和受文化水平、劳动技能所限的种种生存顾虑所致。因此，牧民定居的基础设施等工作环节做得是否到位和消除牧民对定居后的生存顾虑，是能否顺利实施定居工程的关键因素。

（二）牧民的价值观念及其生活的期望

改革开放以来，特别是随着西部大开发的不断延伸和深入，各种开发项目在天山南北"遍地开花"，伴随这一进程而流行的价值观念和价值取向对解放思想、搞好经济、摆脱贫穷起到了积极的作用。然而，在这样一个大的背景下，唯独社会发育滞后，生产、生活条件恶劣的巴音布鲁克区牧民们，却继续走着他们熟悉的老路。那么，他们价值观念的现状又是如何呢？当问到"以下哪件事在您心目中占有的地位最重要？"时，有66%的人回答"健康"，27%的人回答"学问"，其他依次为"工作""诚心""财富"。足见，当前牧区牧民所关注的重心是自己的健康问题。由于游牧民长期生活在恶劣的自然环境以及其生活方式、饮食习惯的关系，他们的健康状况均欠佳，所以多数牧民选择"健康"自然是合乎人的生存安全需求。当问及被访者对"无背债则富裕，无疾病则康乐"这一说法的看法时，被访者的同意率是最高的。其中回答"完全同意"的49%，"同意"的48%，也就是回答同意的高达97%，不同意的仅仅是1.1%。由此可见，牧民们受其健康的影响，其生活的许多目标中，唯独健康的价值定位仍然传统地放在第一位，而不是货币观念或致富观念或商品观念或效率观念等价值取向。这一状况严重地束缚着牧民的开拓精神，归根结底牧民的生活水平还是处在贫困状态。

值得欣慰的是，在回答"您对牧区经济发展的前景是否有信心？"时，很有信心者占27%，较有信心者占32%，有些担忧者占32%，不知道者占6.1%。也就是有59%的牧民对牧区经济发展的前景抱有信心，而32%的牧民对牧区经济发展的前景表示担忧。这也从另一方面反映出牧民们期望提高生活水平的强烈愿望，这是牧区经济发展的内在动力，而且牧民们对生活的预期也比较实在，是仅以物质需求为主的现实主义的表现。当问及"您想要过的美好生活是什么？"（可选三项）时，有不少（37%）的被访者认为拥有财富是美好的生活，以下依次为拥有知识做学问（36%）、过游牧生活（30%）、当公务员（25%）、过半定居半游牧生活（24%）、拥有现代化电器、汽车（20%）、婚姻美满（20%）、过定居生活（15%）、过城镇生活（15%）、德高望重（12%）与吃好穿好（11%）等。虽然从牧民所选择的这些选项还不能得出牧民对生活的期望是积极的这一结论，但有超过一半（68%）的被访者更注重实际的物质生活。

七　巴音布鲁克牧区生态移民现状及其存在的问题

（一）生态移民的背景

多年来，对天然草场只注重利用，忽略必要的建设和改良，加之近年来干旱多风，地表土被刮走，草根裸露，牧草再生能力被破坏，使绝大部分草场都出现了不同程度的退化，其退化面积占草原总面积的一半以上，不少草场已经开始沙漠化。为了从根本上解决草原退化这一问题，巴州和和静县在经过认真调研后于 2005 年出台了相关决定并实施"退牧还草"工程和"人畜下山来　绿色留高原"工程，决定用 3 年时间，将巴音布鲁克草原的部分牧民转移至农区，减少草原载畜量。其具体措施如下。

人畜下山工程：第一步，生态移民搬迁安置 1400 户 6738 人。其中 500户特困户转移至莫呼查汗扶贫开发农场集中安置，集中帮扶；另一批是搬迁 500 个富裕户至 218 国道和水紫线交会处及莫呼查汗新开发地，建立样板；再一批是将和静县阿拉沟乡、巴仑台镇、克尔古提乡 400 户贫困户在和静县境内插花安置。第二步，将超载的 141.94 万只牲畜全部安排下山。

绿色留高原工程：调整现行的季节牧场利用格局，实行盆地春秋牧场、中低山区冬牧场、高山夏牧场的季节梯度轮牧方式。严格核定载畜量，严格确定季节牧场的始牧期和终牧期。

总而言之，实施"退牧还草"工程和"人畜下山来　绿色留高原"工程的指导思想是以"生态第一，保护第一"为基本原则的。实施这两大工程，首先着手解决的问题是生态移民的问题，为了安置这些搬迁牧民，和静县首先在莫呼查汗扶贫开发农场建造了首批 75 套抗震安居房，希望以此为契机，改善巴音布鲁克草原不堪重负的生态环境，并解决牧民的贫困问题。截至 2006 年 10 月，和静县已先后共将 170 余户安置于该农场。

和静县莫呼查汗扶贫开发农场是一个农牧结合的新建农场，成立于1999 年 6 月，其前身是和静县巴音布鲁克区饲草、饲料基地，位于和静县哈尔莫墩镇夏尔莫墩村以北 3.5 千米处，离县城 32 千米。占地总面积 906.7 平方千米，现有耕地 8500 亩，其中退耕还林面积 3412 余亩、枸杞树 700 亩、苜蓿地 1200 亩、其他农用地 2588 亩。可利用草场 85 万亩，其中优质草场 45 万亩、半荒草场 20 万亩、退化沙化草场 20 万亩。场里的农牧民均为来自巴音布鲁克牧区的牧民，现有住户 200 户 863 人，其中农业户 142 户 605 人、男女劳动力 257 人，主要种植粮食作物玉米、油葵和经济作物棉花、苜蓿、西瓜、甜瓜等；牧业户 58 户 258 人，男女劳动力 128 人。农场自成立以来，在自治区、自治州扶贫办和自治州对口帮扶单位及县有关部门的大力支持下，农场建设已粗具规模，先后为"异地搬迁"贫困人口新建、维修住房 160 套（其中新建 75 套，每户 45 平方米，牧民也住进了政府免费为他们盖的这些砖瓦房），安装自来水管道 5 千米和 10 千伏农网改造，同时于 2004 年 1 月为农牧民全部办理了新型农村合作医疗和大病医疗保险。为了使"异地搬迁"牧民从高原搬得来，稳得住，尽快使他们从牧民生活方式向农民生活方式转变，农场也采取了多种措施和办法：一是在管理上采取了帮、传、带；二是在生活上采取了给予照顾和保证，按月定量供应面粉和清油；三是做到了让牧民子女能够就近就读受教育。笔者在巴音布鲁克牧区调研之后相继走访了该农场，也进行了相关的问卷调查，发放问卷 49 份，实际回收 49 份。调查结果显示，广大农牧民对农场经济发展前景充满信心。

（二）被调查者的基本情况

1. 被调查人员的构成

本次被调查的农牧民以女性为主，占被调查人数的 61%，男性占 39%；文化程度：小学文化占 55%，初中文化占 39%，中专或高中文化占 2%，大专文化 4%；年龄结构：18～24 岁的占 6%，25～34 岁的占 37%，35～44 岁的占 33%，45～54 岁的占 18%，55 岁以上的占 6%。

2. 被调查的农牧民家庭生活现状

农牧民平均每户家庭 4.33 人，通过问卷调查显示，2005 年农牧民家庭总收入分布情况，2000～2500 元的占 6.1%，2600～3000 元的占 22%，

3500～4000元的占18%，4100～4500元的占8.2%，4600～5000元的占22%，5100～5500元的占22%。从分布情况看出，绝大多数农牧民家庭总收入为2600～5000元，从这里我们可以看出农牧民的收入依旧很低，勉强达到温饱线。但收入来源发生了变化，由原来的单一收入变成多元化收入，即家庭收入主要来源于务农、饲养、代牧和打工收入。在"您全家一年的总收入中务农、饲养、代牧和打工收入是多少？"的回答中，务农的人数和收入比例较高，其他依次为打工、饲养、代牧。让我们先来具体看看问卷调查结果的显示。务农收入：不足2000元的占4.1%，2人；不足4000元的占53%，26人；不足6000元的占27%，13人；高于6000元（含6000元）的占10%，5人。饲养收入：不足2000元的占8.2%，4人；不足4000元的占6.1%，3人；不足6000元的占2%，1人。代牧收入：不足6000元的占4.1%，2人。打工收入（捡棉花、摘辣椒等）：不足2000元的占18%，9人；不足4000元的占14%，7人；不足6000元的占4.1%，2人；6000元的占2%，1人。

　　由此可见，牧民的家庭收入微薄，仍处于基本解决温饱的低水平阶段，但其收入来源不像原来的那么单一了。在这里需特别指出的是，对于祖祖辈辈生活在牧区的牧民而言，离开草原、重新开始一种全新的生活方式是一个很难的选择，由于转产的不适应性，往往会造成生产上的暂时停滞，然而他们做出了顽强的努力，这也是难能可贵的，牧民对易地转产的满意度很高，对实施的生态移民政策持充分的肯定态度。当被问到"您对目前自己的生活水平满意吗？"时，回答"满意"的占55%；表示"基本满意"的有41%；合计占总人数的96%的牧民对定居生活是满意的，而有2%的人不满意，也有2%的人未回答。通过调研还发现，农牧民对目前自己的生活水平的满意程度表现为：满意者比例为41%，基本满意者比例为55%，不满意者比例为2%，很不满意者比例为2%，牧民对以上两个问题的回答几乎完全一致，因为生产方式的转变，初期必然影响其生活水平，所以牧民是坦然接受这一现实的，从这个结论可以看出牧民的观念在转变，认识在加深。

3. 对本场经济发展前景的信心及对一些问题的看法

为了了解农牧民对该农场经济发展前景的认识和对一些问题的看法，笔者对农牧民进行了问卷调查，以及入户访问和调研。问卷调查结果表明：有45%的农牧民对农场经济发展的前景表示"很有信心"，有55%的农牧民表示"较有信心"。也就是说，100%的农牧民对农场经济发展的前景充满信心，从这个结论看出农牧民是以理性的态度和满怀希望的发展的眼光看待农场发展前景的。问卷调查还显示，当问到"您认为，农场最需要哪一类的人才？"（可多选）时，农牧民选择"农业专业技术人员""医生""管理人才""生产能手"的分别占被调查农牧民的80%、43%、35%、12%。这说明农牧民表现出的是务实、脚踏实地、积极的心态，他们初来农区，所面临的是一个完全陌生的职业，需要农艺方面的专业技术人员来为他们引导和技术培训，所以他们将"农业专业技术人员"列为第一需要之事。不过这里的农牧民担心的事也不少。例如，当问到"您认为当前在农场存在的主要问题是什么？"时，有45%的人认为农场用水量不足；有45%的人认为农田沙砾严重；有43%的人认为牧民务农技能差；有41%的人认为农场不通电话；有33%的人认为政府投入资金不足；有16%的人认为农场文化生活单调；有6.1%的人认为农场的管理水平低下。

笔者在该农场进行入户访问和调研时发现，农牧民反映的情况和顾虑不是多余的。不说农牧民们背井离乡的艰难和克服水土不服、气候不适的困难以及为战胜自身没有农业生产技能的缺陷而所做的努力，单说其务农的自然环境的脆弱程度就可想而知了。这里的农业生产的基础条件十分落后和脆弱。虽然其土地、光热资源适合发展特色经济作物和林果业，但土质瘠薄，沙砾严重，土壤有机质含量太低，而且发展资金严重短缺，再加上水利设施建设落后，致使农业生产不能形成规模化。该农场虽然离县城近、仅有32千米的距离，但其交通、广播电视基础设施建设落后，至今未通广播电视、电话，信息闭塞，严重制约农场社会经济发展，使贫困农牧民的文化生活和社会教育普及程度跟不上。

————○ 第二章 ○————

和硕县两乡社情民意分析

一 调查背景

据统计，2005 年和硕县总人口为 6.82 万人，其中蒙古族人口为 5507 人，占全县总人口的 8.1%。这支蒙古族是 1771 年随土尔扈特部首领渥巴锡从伏尔加河迁回的那支和硕特部的后裔，他们分散在全县各地，比较集中的聚居地是在该县的那音克乡和新塔热乡的一分场这两地。那音克乡地处和硕县北部海拔为 2300 米的山区，距离县城有 70 余千米，下辖三个行政村，面积 800 平方千米，全乡现有农牧民 232 户 1257 人，蒙古族占 99.3%，畜牧业为全乡的主导产业，其中艾丁阿门村是一个以牧为主、以农为辅的农牧结合村。新塔热乡的布茨恩查干村也是一个农牧结合村，其户数为 152 户，人口为 765 人，蒙古族人口占全村总人口的 97.4%。本项目研究即选取这两个村作为主要调查对象，共发放问卷 175 份，收回有效问卷 175 份。被调查人员的基本状况是：被调查者中，性别结构为：男性占 77%，135 人；女性占 22%，38 人。文化程度为：小学文化占 31%，55 人；初中文化占 51%，89 人；中专或高中文化占 13%，23 人；大专及以上文化的占 2%，3 人。年龄结构为：18~24 岁的占 1%，2 人；25~34 岁的占 14%，25 人；35~44 岁的占 42%，74 人；45~54 岁的占 28%，49 人；55 岁及以上的占 14%，24 人。职业构成为：牧民 58%，101 人；农民 41%，72 人。

二 农牧村经济状况

本调查分两次实施，即第一次采用文献调查、实地访谈、走访村民等调查方法进行。第二次实施了问卷调查。笔者通过实地访谈、文献调查、走访村民等调查方法，初步掌握了艾丁阿门村和布茨恩查干村的基本情况，这两个村一般平均每户家庭 4.33 人。

（一）艾丁阿门村基本情况

艾丁阿门村位于那音克乡驻地西北 3 千米处，乡、村所在地是一个水草丰美的山间小盆地。这里也曾是我国一个军事基地，海拔 2300 米，光热资源、水资源丰富，昼夜温差大，无霜期短，冬暖夏凉，十分适宜牧草、土豆、大豆、大蒜等植物的生长。艾丁阿门村是那音克乡最小的行政村，全村户数为 51 户，人口为 186 人，耕地 500 亩。马兰二十一基地给艾丁阿门村留下了宝贵的基础设施——大量的砖混结构的民房，村委会目前有 500 多平方米的办公场所，近 100 平方米的礼堂，70% 村民住在部队留下的小二楼或砖房里，自来水和电业基本上配齐，农网改造基本上完成，电价从以前的每度电 2～3 元下降到 0.56 元。

艾丁阿门村的收入主要来源于畜牧业和旅游业，主要种植作物是苜蓿和玉米，也有种植土豆、大豆、小麦和油葵的村民，主要用于自食。从目前牧民拥有牲畜头数来说，牲畜头数超过 300 头（只）的有 21 户，占总户数的 41.18%，此 21 户人均纯收入都超过 10000 元；牲畜头数 200～300 头（只）的有 9 户，占总户数的 17.65%，人均纯收入为 3000～5000 元；牲畜头数超过 100 头（只）的 10 户，占总户数的 19.61%，人均纯收入在 2500～3000 元；牲畜头数不到 100 头（只）的有 5 户，占总户数的 9.8%，人均纯收入在 600～2500 元；没有牲畜的村民有 6 户，占总户数的 11.76%，这些村民主要从事牧业以外的工作，如盖房、开出租车、开修理铺和旅游服务等二、三产业，人均纯收入在 2000～10000 元。从以上情况可以看出，艾丁阿门村的发展潜力非常大，基础设施和经济条件在全乡最好。其实，在那音克乡驻地附近除艾丁阿门村外还有本布图村，其基础设施和经济条件与艾丁阿门村一样，村民也住在部队留下的砖混结构的民房。这两个村的定居情形，给人的印象似乎是牧民实现了定居，那么，以牧为主的牧民是如何牧放成批成群牛羊的呢？原来牧户1～2个劳动力带上帐幕随牲畜跟着自然的季节变化迁移放牧，而所谓住进部队留下的砖混结构的民房的是家中的老人和小孩。

（二）布茨恩查干村（又称一分场）基本情况

布茨恩查干村位于和硕县城东南13千米外，是一个农牧结合村，其户数为152户，人口为765人，面积43万亩，其中草场42.5万亩，耕地面积4600亩，全村牲畜2万头（只），其中15000只羊，2000头牛，3000头牦牛。该村于1993～2003年实行过国营农场养老统筹，参加养老统筹的共有196人，现已退休人员有88人，其工资一般在500～800元之间。该村实行的是牲畜大包干责任制，牲畜为集体所有，以母畜保本、幼畜分成、费用自理的形式，承包给牧民经营，其提留比例为：羊25%、牦牛30%、牛15%，无畜户以每一亩地125元交提留费。该村耕地面积少，一般每户有20亩地，最多的有30亩，少则15亩。收入主要靠牲畜（养殖户有50多户，其余户有1～2个劳动力在草原上放牧），种植次之，种植作物有番茄、棉花、红辣椒、玉米和苜蓿等。布茨恩查干村2005年农牧民人均收入情况如下：人均收入600元的有12户54人，1000元的有30户120人，2000元的60户260人，3000元的20户80人，4000～5000元的30户140人等。

以上情况是笔者通过实地访谈、走访村民等掌握到的基本概况，在随后的问卷调查结果与之相互印证，基本一致。

三 农牧民的收入状况

通过调研发现，受访者对问卷调查的关心度较好，对某一问题所持的观点很少受到掩饰，这一点为问卷调查工作的顺利进行创造了良好的条件。

在回答"请您估计一下过去一年中，您全家的人均年纯收入有多少？"时，选择"600元以下"的占3.4%，选择"600~1000元"的占10%，选择"1000~1500元"的占13%，选择"1500~2000元"的占34%，选择"2000~2500元"的占12%，选择"2500~3000元"的占5.1%，选择"3000~3500元"的占6.3%，选择"3500~4000元"的占4%，选择"4000~4500元"的占0.6%，选择"4500~5000元"的占3.4%，选择"6000~8000元"的占5.7%，选择"10000元以上"的占2.9%。可以看出，2005年和硕县蒙古族农牧民的人均收入为2300~2500元的水平，可这个收入水平是接近于2005年巴州农民平均收入水平（即4268元）的一半，而略高于从事纯牧业的巴音布鲁克地区牧民的人均收入（1895元）。

当问及"您全家去年的总收入中常规牧业生产、农业生产和劳务（代牧和打工）收入分别多少"时，牧业收入：不足2000元的占19%，2000~5000元的占26%，5000~10000元的占12%，10000~20000元的占12%，20000~30000元的占14%，超过30000元（含30000元）的占2.9%，5人；农业收入：不足2000元的占26%，2000~5000元的占12%，5000~10000元的占21%，10000~20000元的占4%，7人；劳务收入：不足2000元的占15%，2000~5000元的占9.7%，5000~10000元的占2.9%，10000~20000元的占0.6%，20000~30000元的占0.6%，超过30000元（含30000元）的占0.6%。由此可以看出，农牧民的农业收入和劳务收入在其总收入中有了一定的比例，此种状况将随着农牧民劳动力素质的提高、脱贫致富面的不断扩大而逐步得到提升和改善。

四 对农牧区工作的认识和态度

对农牧区工作的认识和态度调查结果显示，农牧民对自己所在地的乡政府有一定的看法。当问到"您对区（乡）政府的整体印象如何？"时，农牧民对乡政府依次的看法是：认为"开放意识不强，改革措施不到位"的占 63%，认为"社会信用度低"的占 14%，认为"管理效能低下"的占 10%，认为"社会信用度高"的占 6.9%，认为"政策法规不配套"的占 6.9%，认为"管理效能改革措施都不错"的占 5.7%，认为"司法不公，有法不依"的占 3.4%，认为"政策法规配套"的占 2.9%，认为"司法公允"的占 1.1%。也就是仅有 16.6% 的农牧民对政府满意，而 97.3%（此数据里可能有多选）的农牧民是不满意的。从这个结论看出当地政府在农村工作的许多环节做得不到位。

就对农牧民生产、生活方面存在的问题的调查来看，存在的问题也不少。当问及"您认为，当前在农牧区存在的主要问题是什么？"（多选）时，选择"牲畜品种改良投入不够""牧民务农技能差""农田沙砾严重""文化生活单调""生产单一"的分别占 69%、50%、39%、39%、23%。从中可以看出，农牧民的观念在转变，忧患意识大大增强，努力改善生产、生活的问题成为最关心的问题。当问到"您认为，农场最需要哪一类的人才？"（可多选）时，农牧民依次关心的问题是：医生（47%），农业专业技术人员（41%），兽医（39%），农业生产能手（34%），牧业生产能手（28%），其他（6.9%）。在生活上农牧民首选医生显然是由农牧区存在的现实问题所决定的，特别是牧区缺医缺药的现象至今仍未彻底解决，在生产上也存在很多顾虑，牧民普遍没有农业生产基本技能，他们需要农业专业技术人员或农业生产能手的引导和帮助。

调查还显示，有 61% 的农牧民关心草场改良，34% 的农牧民关心农区基础设施（水、电、路等）建设，25% 的农牧民关心牧道修筑，11% 的农牧民关心牧区人畜饮水问题。农牧民所关心的这些问题应是引起政府有关部门和全社会高度关注和着手解决的问题。

五 对经济和社会问题的认识和态度

牧区由于经济文化相对落后，物质和交通条件差，给牧区社会发展带来一系列问题，如看病难、上学难、畜产品卖好价钱难等，这不利于牧区牧民的生活水平和人口素质的提高，而且严重影响牧区牧民生活质量的提高。在社会经济成分、组织形式、就业方式、利益关系和分配方式日益多样化的今天，社会的各个方面发生了翻天覆地的变化。社会存在决定社会意识，社会的这种变化必然引起农牧民的政治信仰、思想观念、价值取向、思维方式等发生相应变化。因此，对农牧民的思想观念、价值取向、思维方式等观念心态进行调查研究，是十分必要的。

偏僻的牧区，闭塞的交通条件隔绝了农牧民与外界的联系，特别是牧民得到真实的牲畜市场价是不太容易的。那么，牧民是如何了解市场行情的呢？或是消极应付，茫然无措，或是违背客观经济规律，盲目行事？在问卷调查中牧民回答"您一般通过下列哪些渠道搜集农牧产品价格信息？"（可选多项）时，选择"通过电话（手机）问在城镇的亲戚"的占48%，选择"各类社会关系"的占45%，选择"电视"的占43%，选择"进城去活畜市场"的占37%，选择"朋友"的占35%，选择"广播"的占14%，选择"报纸"的占7.4%，选择"政府部门"的占6.3%。从中可以看出，牧民借助人际关系获取信息的比重占绝对多数比例，从某种意义上说，信息的沟通还是相当传统。而借助广播、电视、报纸等媒体的少，当然这是受媒体在山区的信号不佳或部分牧民无电视、收音机等因素的影响所致。至于牧民不订阅报纸杂志，许多人反映的牧民居无定所给邮政投递造成很大的困难，这不是真正的原因，笔者在调研中发现，无论在巴音布鲁克草原还是在那音克乡的牧区，牧民几乎没有阅读的习惯，这就是真正的原因。

当问到"哪种生产经营方式你认为是快速致富的途径？"时，有49%的人认为"常规牧业生产"；有45%的人认为"农业生产"；有5%的人认为"工、商经营"；有1%的人认为"打工"。这种情况说明，一部分牧民还是守旧惧新的心理，对陌生的行业没有把握。牧民们也深知自身是个弱势群体，在问卷调查"您认为，蒙古族农牧民在市场化社会的竞争中处于何种地位？"中，有53%的人选择"边缘化地位"；有24%的人选择"不利地位"；有14%的人选择"越来越孤独的地位"；有9%的人选择"不适应的地位"。也就是说，对蒙古族在市场化社会的竞争中处于何种地位的问题，有90%以上的人给出的排位较低，这更说明做发展牧区社会经济工作任重道远。

调查结果还显示，农牧民对目前牧区经济发展状况的满意度很低，当问及"您认为目前你所在地蒙古族农牧民的经济发展如何？"（只选一项）时，有66%的人认为"一般"；有18%的人认为"不好"；有12%的人认为"良好"；有1.7%的人表示"不知道"。也就是说，有84%的农牧民表示目前牧区经济发展状况欠佳。更有甚者，不少人在心理上还能接受目前的状况：在问卷调查"您对目前自己的生活水平满意吗？"中，有49%的人选择"不满意"；有36%的人选择"基本满意"；有13%的人选择"满意"；有1.1%的人选择"很不满意"；有0.6%的人选择"不知道"。由此可见，约有一半人不得不接受牧区目前的这一现实。

但是不可否认的是，在牧区存在的问题不少，在问卷调查中牧民回答"您认为农牧区经济发展缓慢的原因是什么？"（可选多项）时，有73%的人认为"草场严重超载"；有48%的人认为"牧民观念不解放"；有45%的人认为"信息闭塞，交通不便"；有39%的人认为"政策好，但执行得不好"；有38%的人认为"科学管牧不强"；有24%的人认为"牧民文化水平低"。形成贫困的原因是多方面的，然而一个本质的原因是牧区的商品经济发育程度低，究其实，症结就是前面牧民们回答的那些问题的长期存在。

六　牧民健康状况、医疗条件

（一）农牧民的健康以及对健康问题的认识

在健康问题上，受访的农牧民对自身的健康状况也给出了自己的回答，在问及"您对您的健康状况如何评价？"时，可以发现自我感觉一般者居多，即有61%的人认为"一般"；有30%的人认为"好"；有6.3%的人认为"差"；有2.9%的人认为"很好"。由此可以看出，这里农牧民对自身健康的评价不高也不低，然而，在问及"您在每几年中做一次体检？"时，回答比例最高的首推"一年一次",占 39%,这个比例接近于巴音布鲁克牧区牧民所回答的比例(42%)。他们是和巴音布鲁克牧区牧民一样,因健康原因去做一年一次的体检,还是出于健康意识才做一年一次的体检?由于时间关系无从考察。其他依次为"感觉不对劲就做""有体征就做""五六年一次""没有体检的概念""从未做过体检"各分别占 37%、10%、10%、3.4% 和 2.9%。由此可以想见,农牧民的自我保健意识是跟着体征的感觉走的。据当地医务人员的反映,这里的农牧民主要得的疾病有高血压、风湿性关节炎、胃溃疡、冠心病、肺气肿和心肌缺血等。

当问到"您经常喝酒吗?"时,有 43% 的人"亲朋好友相聚时喝";有 19% 的人"偶尔喝";有 9.1% 的人"不喜欢喝";有 5.7 的人"很少喝";有 4% 的人"根本不喝";有 3.4% 的人"节假日喝";有 2.9% 的人"滴酒不沾";有 1.7% 的人"喝酒有节制";有 11.2% 的人"被迫喝"。显而易见,这里的农牧民没有过量饮酒的行为,也就是说,73.4% 的人饮酒是受民族传统和风俗习惯以及与人的社会关系等因素的影响。尽管如此,他们有更加主动对饮酒进行控制的意识。

当问及被访者对"没有背债则富裕,没有疾病则康乐"(蒙古族俗语)这一说法的看法时,"同意"者为 59%,"完全同意"者为 24.9%,同意的合计为 83.9%;表示"不同意"的为 15%,"完全不同意"的为 1.1%,不同意的合计为 16.1%。当问及对"提高农牧民的生活质量首先从健康的生活方式抓起"这一说法的看法时,"同意"者为 61%,"完全同意"者为 33%,同意的合计为 94%;表示"不同意"为 4.6%,"完全不同意"的为 0.6%,不同意的合计为 5.2%;其余 0.8% 的人表示"不清楚"。可以说,农牧民对以上两个问题持肯定态度,说明他们对这个问题的认知率很高,但他们在生活中很少去实践它,所以只解决卫生健康意识问题是不够的。由于牧区经济不发达,生产生活条件差,农牧民的自我保健知识贫乏,不健康的生活方式还比较普遍。比如,相当比例的儿童不能做到饭前便后洗手,洗了手许多人还是共用一条毛巾等。在回答"您觉得牧民和农民相比之下哪个保健意识强一些?"这个问题时,大多数农牧民认为农民的保健意识比牧民强，即有 85% 的人认为"农民"的保健意识强，有 13% 的人认为"牧民"的保健意识强，有 3.4% 的人表示"不清楚"。这是因为，牧区交通通信不便、信息不灵、科普宣传不够导致牧民缺乏健康信息。

对于"哪些因素影响农牧民的寿命？"的看法，近 54% 的人都认为"有病不及时就医"所致，34% 认为"不良饮食"所致，15% 认为"高寒天气"，4% 的人认为"酗酒"所致，有 2.9% 的人表示"不清楚"。由此看来，有病不及时救治是影响牧区牧民寿命的主要因素。当问及"假如您生病将会采取何种措施？"时，有 58% 的人打算"及时到医院治疗"，有 23% 的人打算"观察几天再说"，有 5.7% 的人打算"能熬则熬"，有 5.7% 的人打算"找蒙医看病"，有 0.6% 的人打算"找喇嘛念经"。如此看来，高达 58% 的人觉悟到生病及时救治的重要性。

（二）医疗条件

这里所谓的医疗条件主要是对牧区那音克乡而言，该乡由于地处偏远山区，其所拥有的条件也不可避免地存在一些问题。问卷调查表明，占人数 45% 的被调查者，在被问到"看病难、看病贵的问题在牧区还严重吗？"的时候，选择了"严重"，为本题选项中的第一位排序，有 33% 的人选择"一般"，有 6.9% 的人选择"很严重"，有 4.6% 的人选择"不严重"，还有 1.7% 的人表示"不清楚"。也就是说，高达 51.9% 的人对牧区医疗条件很有看法，而有 33% 的人倾向于中性或无所谓。如此一来，这方面的问题也不容忽视。在被问到"您在牧区看病方便吗？"时，有 41% 的人回答"交通不方便"，有 35% 的人回答"看病不在远"，有 22% 的人回答"牧点离牧区医务室很远"，有 3.4% 的人选择"其他"。结果表明，63% 的人表示在牧区看病不方便。当问及"您对农牧区医疗条件、服务质量满意吗？"时，选择"一般"的占 54%，选择"不满意"的占 24%，选择"满意"的占 15%，选择"很不满意"的占 4%，还有表示"说不清"的占 2.3%。也就是说仅有 15% 的农牧民对农牧区医疗条件、服务质量表示满意，28% 的农牧民不能够满意，而 54% 的农牧民对农牧区医疗条件、服务质量持有一般化或不理会的态度。

笔者在调研中了解到，那音克乡卫生院医疗条件差，其不足 2 万元的医疗设备有血压计、听诊器、体温表、消毒锅、显微镜和一台老式的 B 超仪以及 6 个床位等。而应具备的心电图、X 光机、化验等设备未配齐，只有 5 名医务人员。据牧民们的反映，乡卫生院医疗诊断水平有限，对疑难杂症的处理水平很低。而所谓的那音克乡三个行政村村卫生室是徒有虚名且属于危房，里面无任何医疗设备，有一名所谓的医生只是治疗感冒等药物的发放者。而且三个村中有一个村连徒有虚名的卫生室和医生都没有。由于牧民居住分散，特别是冬季牧民在深山放牧，他们更是无法享受医疗服务，乡卫生院也因无任何交通工具而无法完成其正常的巡回医疗。如此一来，问卷调查结果所显示的"对医疗服务质量不满意""交通不方便""看病难"，就不足为奇了。这些问题应该引起政府有关部门的足够重视，并尽快予以解决。

（三）新型农村合作医疗与存在的问题

和硕县农村合作医疗起步于 2005 年的 9 月，运行模式是将农牧民个人交纳的合作医疗基金分门诊个人账户基金和住院统筹基金，保险基金农牧民个人每年交 30 元，其 50%（15 元）纳入门诊个人账户，剩下的 50% 和各级财政补助的 70 元纳入住院统筹，用于住院医疗基金、大病补助资金和风险基金。参合者的门诊个人账户基金可以在和硕县范围内的定点医疗机构和所在的村卫生室买药和看病治疗，如果在当年未使用的可以结转下年继续使用，不会因当年没有用完而作废；如果门诊个人账户基金在当年已全部用完，参合者在门诊看病买药就支付现金，但参合者遇较大疾病可以持本人合作医疗证继续享受住院统筹；如果参合者在一年之内既没有用个人账户基金，也没有用住院统筹基金的，可于该年年底前在所在的乡卫生院进行一次免费健康体检。参合农牧民第一次住院时，在乡级是扣除起付线 50 元、县级 200 元、县外 500 元；补偿比例：乡级为 45%、县级为

40%、县外30%。县内最高封顶线15000元，县外最高封顶线10000元。在一个统筹年内只扣除一次起付线，封顶线标准可累计计算。这就是和硕县农村合作医疗工作运行模式的基本情况。

那么，在那音克乡农牧民参加合作医疗的情况如何呢？据那音克乡卫生院提供的数据，全乡参合实际人数为744人，占全乡总人口的59%。这就是说，有41%的人还未参加农村合作医疗，笔者也为此走访了该村艾丁阿门和本布图两个村，也进行了相关的问卷调查。据牧民们的反映，有相当一部分人对合作医疗的具体内容不清楚，不相信相关合作医疗的优惠政策，这说明新型农村合作医疗的宣传工作在那音克乡宣传得不够，不到位，也不彻底。农牧民对合作医疗实质内容了解不多，认知率很低，从而导致占有一定比例的农牧民未能参加合作医疗。而已参加合作医疗的农牧民的反映如何呢？在问卷调查中农牧民回答"新型农牧区合作医疗给你们的家庭带来了实惠吗？"时，有42%（74人）的人认为"有实惠"，有40%（70人）的人认为"一般"，有8%（14人）的人表示"不清楚"，有7.4%（13人）的人认为"实惠不大"，有1.1%（2人）的人认为"很有实惠"，有0.6%（1人）的人表示"未受实惠"。也就是说，将近一半的人对农村合作医疗是满意的，而另一半的人认为"一般"或表示"未受实惠"，这可能是参合者的主观因素即农牧民未去亲身体会所致。据乡卫生院提供的数据，2005年该乡有26户未使用农牧民个人账户基金，类似于这种主观方面的种种因素导致高达一半的农牧民选择回答"一般"或"未受实惠"，就不足为奇了。

在调研中了解到，有部分牧民认为合作医疗定点医院少，没有选择性且报销药品数量太少。在被问到"请问以下几门医学中您推崇哪一家？"时，有56%的人表示"哪一家治好就推崇哪一家"，有33%的人推崇"西医"，有14%的人推崇"蒙医"，有1.1%的人表示推崇"中医"，有0.6%的人表示推崇"藏医"。可以看出，农牧民在择医就医问题上较为理性且现实，调查还显示，在农牧区看蒙医的农牧民也不少。所以，为便于蒙古族农牧民患者择医就医，建议把蒙医也纳入医保范围。

（四）牧民对生活的期望

尽管农牧区目前的社会经济发展相当滞后，但对农牧区社会经济发展的前景，多数农牧民持乐观的态度，即43%的人表示"较有信心"，14%的人表示"很有信心"，有25%的人表示"有些担忧"，而5.7%的人表示"不知道"，表明这部分人尚持观望态度。也就是说，有57%的人对农牧区以后的发展预期较高，而25%的人对农牧区以后的发展预期较低，有些忧虑，从中我们可以看到农牧民期待农牧区社会经济发展的迫切性。这一点也从农牧民的生活期望值中体现出来。当问及"您想要过的美好生活是什么？"（可选三项）时，有59%的人想过"定居生活"，有46%的人希望"婚姻美满"，有45%的人想"拥有现代化电器、汽车"，有35%的人希望"事业上有成就"，有34%的人想"拥有财富"，有20%的人想过"城镇生活"，有11%的人想过"半定居半游牧生活"，有8%的人想"拥有知识做学问"，有8%的人认为"德高望重"，6.3%的人希望继续过"游牧生活"，有2.3%的人认为"吃好穿好"，有1.7%的人想当"公务员"。以上数据显示，除6.3%的极少数人希望继续过"游牧生活"外，绝大多数人盼望改变生活方式、改变处境、改变身份，盼望文化生活丰富多彩，物质生活宽裕齐全的意愿占据主导地位，这是农牧民对社会主义新农村、新牧区建设的心声与企盼，对社会主义新农村、新牧区建设寄予厚望，与现代社会的发展趋势十分吻合。这种改变自身状况和生存环境的意愿、期待是农牧区建设最重要的依据，也是农牧区走向繁荣发展的动力和保证。

七 结论和政策建议

通过以上问卷和实地调查研究，笔者得出以下基本结论：一是巴州和静、和硕两县牧区牧民的经济收入普遍较低且收入来源单一、生产成本高、增收渠道窄，其人均纯收入仅为巴州农民人均纯收入的1/2，平均每年的增长幅度约为3.07%，而且影响牧民稳定增收的市场和自然灾害等不稳定因素以及牧民自身所处偏远山区的地理位置等原因，都很大程度上抵消了收入增长效果。二是制约和影响牧民在牧区发展的最主要因素是牧民生存环境恶劣，居住条件差，生存成本高。据测算，牧民平均每人全年支出是：食品消费支出比农区农民的支出多2.6倍多，衣着消费支出比农民的支出多2.7倍多，子女教育支出比农民的支出多3倍多，交通通信支出比农民的支出多1倍。另外，牧区居住分散，多数牧民的孩子从小学开始就上寄宿制学校，其生活费用也是一笔不少的数目。这样，牧民一年下来没有多少积蓄，扣除最基本的吃、住、穿、行的生存成本后，所剩无几。牧区这种长期以来的高生存成本、低收入水平，使牧民中大部分人入不敷出，负债累累，家底微薄，改善无望。三是牧民的健康状况差，牧区医疗条件更差。牧民无法像城镇居民和农民一样非常便利地就近得到就医，其所得到的医疗服务水平也远远低于城镇居民和农区农民，特别是目前，牧区缺医少药、设备落后的状况非常严峻。牧区村一级的卫生室已经名存实亡，而乡一级的卫生院的规模一般有2名医生、3名护士和1名管理员或收费员，5个床位，笔者所调查的巴音郭楞乡的卫生院也是这种规模，主要功能是发挥治疗感冒、打针等简单的处理作用，药价也因增加15%的运费而比农区贵，其医疗设备和农区卫生院二三十万元的医疗设备没法比，仅值1万~2万元：体温表、血压计、听诊器、心电图仪、消毒锅、心电图仪等一般的设备，而B超仪、医用电冰箱以及一般检验设备等都未配齐，这在很大程度上制约了卫生院的检查诊断和治疗水平，多半医务人员的素质偏低，卫生院也没有病历及诊断记录，只是简单的登记而已。四是由于牧民居住非常分散，牧区没有什么文化设施可言，牧民的文化素质精神面貌很长时期以来无法改观，反而导致了精神上大面积的荒芜。

从牧民以上经济水平、物质生活、健康与医疗条件、精神生活、生活环境等几项指标观察，牧区几乎被排除在经济繁荣之外。未来牧区牧民将何去何从，从现在的情况来看，不容乐观。我们的政府对牧区工作历来就注重经济效益，在如何提高牧民的收入水平上大做文章，执行"以经济建设为中心"的基本国策。但几十年过去了，牧民生活没有多大改善，还是居住在深山老林、与世隔绝，基础设施建设仍然落后，达不到"五通、五有、五能"的标准。这几十年的牧区建设给我们的启示是，牧民要提高的不仅仅是收入水平，更重要的是生存的质量。换句话说，以科学的发展观来衡量，牧区的发展工作不是"以人为本，全面、协调、可持续"的发展，不是从经济领域延伸到社会发展、人的全面发展领域，而是始终围绕人均收入这个指标来展开的。谋求人的全面发展，必须创造有利于人的全面发展的社会环境。人们的经济、政治、文化环境，是人发展的条件。遗憾的是，牧民生存质量的问题在当前政府的经济观念和政策中缺乏应有的地位，在牧区各项工作的经济指标中也得不到反映。虽然从这两年起，巴州启动了生态移民工程，部分牧民的定居问题才提到议事日程，并正在加以实施，但它是出于生态上的考虑，牧民只有配合的"义务"。希望此问题能够引起有关政府的重视和认真思索。据此，笔者提出以下政策建议。

1. 从制度安排上切实保障牧民生存环境的改善，推进其下山定居进程

首先是我们的政府今后工作的重点应是给牧民，尤其是给巴州牧区牧民从制度安排上体现以人为本的原则，想方设法加快牧民定居步伐，确立牧民问题的核心是生存环境的改善问题的工作思路，将牧民定居作为一个系统工程加以落实，把"五通、五有、五能"的标准真正落到实处，真正把牧民利益保护好。巴音布鲁克区生态移民其实就是一个很好的让牧民定居的机会，牧民为了国家政策的实行，离开了他们祖祖辈辈生活的地方，放弃了他们熟悉的生活方式，重新开始一种全新的生活方式是一个非常艰难的抉择，且思想顾虑重重，政府方面应当给予允许牧民对其草场拥有使用权的保障，以期打消其顾虑，安心下山。其次，对这几年来在和静、和硕县城上出现的一些流动牧户，有关部门应及时"顺势引导"，创造条件，鼓励他们到城镇、到农区落户就业，使他们能够享受与城镇、农区人民相同的人居环境，资源共享。

2. 推行舍饲圈养，加快推进畜牧业转变进程

政府积极引导、扶持牧民发展舍饲养殖业，改变其传统牧业增收的路子，走农牧结合之路，并在提高牧民素质上大做文章，关键是推广农业科技和开展职业培训，鼓励他们务农或从事二、三产业。最根本的也是最有效的途径，就是增加牧区剩余劳动力在畜牧业产业链上的就业空间，开展多种经营，对牧民进行有关的科技和技能技术培训，让牧民有充分条件参加现代经济活动。

3. 切实保障牧区卫生资源的配置，满足牧民群众的就诊要求

健康是人们最基本的需要，而这一点也在牧区尤其是在巴音布鲁克牧区很成问题，对巴音布鲁克牧区牧民生活质量的提高及牧区的小康建设已构成很大的牵制，严重制约着牧民们正常的生产和生活，成为牧区最突出的社会问题。而这里的缺医少药、设备落后的状况非常严峻，牧民群众无法得到最基本的医疗卫生服务。对此政府要针对性地加强牧区医疗卫生工作，完善卫生医疗服务体系，加大基础设施建设的投入，配齐配足医疗设备，加强医疗卫生队伍建设和牧区巡回医疗工作，切实保障牧区医疗服务体系的正常运转，满足牧区牧民群众的医疗需求。同时要加大合作医疗的宣传，做到人人明白，家喻户晓，增强牧民的参合意识。

4. 牧区的文化设施有待建设，牧民的文化素质有待提高

由于牧区牧民人口的分布特征，导致了乡文化站、村文化室（其实已沦为"空壳文化室"，都缺乏设施器材和图书资料）被"闲置不用"的糟糕局面。乡文化站都建在乡机关所在地，而牧区牧民是居无定所，加之地处偏远、交通不便，使牧民享用文化资源的可能性变得微乎其微。另外，受经济发展水平和文化素质的制约，牧区牧民文化消费能力很弱。以上因素导致牧民远离精神生活，越来越被边缘化，其直接结果是牧民的文化生活单调枯燥，精神食粮极为贫乏。虽然近5年来，国家实施的"广播电视村村通"工程在牧区建成开通（信息、节目靠空中接受，如收音机、电视），从而结束了这里的牧民过去听不到广播、看不到电视的历史,但不通电的牧区每家每户还得购置太阳能电源,才能如愿地看上5套电视节目。可在牧区拥有太阳能电源的牧户不算多。所以,在牧区文化建设工作显得很重要,当地政府和领导不能有文化建设工作可抓可不抓的心理,要加大牧区文化设施建设的投入,建立流动文化站,把牧区文化建设放到社会主义精神文明总体战略中加以认识,把开展健康有益的文化活动视为我们党对牧区文化发展的重要手段,全方位重视牧区文化建设工作,切实把牧区文化的建设与发展、普及与提高落到实处。

---○ 第三章 ○---

和硕、和静两县牧区问题

本章是笔者在和硕、和静两县调研工作的基础上写就的，主要探讨了这两个县牧区牧民贷款使用情况、牧民的流动人口及其子女就业问题。这些问题从目前来看有些无足轻重，其实是不容忽视的问题，因为它们是关乎牧区牧民今后发展趋势的问题。对此，笔者认为应引起各级领导的重视，并正确地加以指导和引导。这些问题具体如下。

一 牧民的信贷问题

据调查，和硕县和和静县农村信用社为积极响应县政府关于大力发展畜牧业的号召，以服务"三农"为己任，深入分析农牧区现状，采取措施改善金融服务，优化信贷投向，积极向本县牧区投入资金，扶持当地牧民发展畜牧养殖，有效地缓解了农牧民贷款难的问题。具体就是以牧户为扶持对象并根据牧民实际贷款能力、综合预期效益和分期还款能力，确定每户牧民贷款的额度，进行小额贷款，采取每年一次性放贷，期限一般为一年，也有两年的。据和硕县那音克乡牧民反映，信誉程度较高的富裕牧户一般可得到 20000～50000 元的贷款，也有贷到 60000～70000 元的，而普通牧户只能贷到 5000～10000 元。可以说这些措施在一定程度上满足了牧业生产发展的资金需求。牧民用这些贷款主要购进骆驼、牛、羊和饲料等生产资料。

那么，这些贷到的资金到底是否发挥出其提高牧区经济效益、增加农牧民收入的作用呢？调查发现，牧民贷款履约率情况较差，就近几年畜牧贷款还款情况看，多数贷款不能及时足额归还，甚至牧民之间相互贷款顶替还贷情况循环发生，这一问题集中在和硕县那音克乡和新塔热乡布茨恩查干村。到2006年9月，那音克乡畜牧养殖贷款余额443万多元，新塔热乡布茨恩查干村畜牧养殖贷款余额164万多元。那么，导致牧民无法按时足额归还贷款的原因是什么呢？这个问题的主要原因集中表现在以下几个方面，即内外原因所致。

外因是：近两年牲畜发展快，但草场有限，造成畜产品市场价格大幅度下跌，原来350元一只生产母羊，现在（即2006年8月）售价只有180元，每只羊损失就在170元左右，全县羊存栏数有43000只左右，损失就达770万元。因此畜产品价格大幅度下降是导致牧户不积极出售牲畜或销售收入减少，从而部分贷款户不能足额归还贷款或拖欠贷款的主要原因之一。但情况比我们想象的还要严重一些，据有关方面的反映，目前（2006年）那音克乡牧户的畜牧贷款自2004年开始全部为牧民之间相互借新贷款还旧贷款。新塔热乡布茨恩查干村2004年发放的贷款55户，115万元为借新贷款还旧贷款，形态虽表现为正常，实际已经形成不良贷款。

那音克乡2005年发放的养骆驼贷款120万元，实际是2003年贷款到期后的转贷贷款，当时养殖户从内蒙古一带购进骆驼，正赶上连续两年口蹄疫发作期，新疆境内禁止了从外地购进，当时牧民已于2003年把收购资金划往外地，到2005年4月才购进骆驼，两年资金在外地占压闲置，未创造效益。银行信用社市场意识不强，其金融服务工作还只停留在提供资金上，在培育社会组织、提供致富信息及宣传等方面服务不到位。尤其是未能充分利用自身的地缘、网络、信息等方面的优势对牧区牲畜供求总量以及畜草不平衡等突出矛盾加以分析就盲目跟畜牧养殖规模之风，大规模发放信贷，致使部分牧民自有饲草不足，需要买进饲草，牧民的养殖成本加大，相对收入下降，负担越压越重。由于赢利有限，大部分牧民没有能力还清贷款，为了维护自己的信誉，牧民只能铤而走险：借新贷款还旧贷款，形成恶性循环，人们致力于脱贫致富的目标也因此遥遥无期。特别值得一提的是，银行信用社的贷款利率为 8.16‰，这对当前牧区贫困牧民群众来说算是偏高，利息负担加重，不利于牧区社会经济的发展。银行信用社面对的主要是贫困牧民群众，其自身文化水平低，经济条件差，生产基础薄弱，资金投放风险大，信用社应基于这样的一个牧区区情制定出适合牧区发展需要的和能承受的利率制度或利率优惠政策。再有，银行信用社的信贷发放沿用年初贷出、年末归还的做法，或贷款周期限制在 2 年以内，但牧业生产的周期具有一定的特殊性，如牛育肥需 2～3 年。所以发放到牧民手里的贷款难以发挥应有的效用。以上所述情况，是牧区牧民贷款履约率差的外部原因。

牧民无法按时还贷的内因，概括起来主要有以下几点。

内因之一，传统游牧生产的惯性作用。时至今日，这里的牧民仍保持着他们祖祖辈辈传承下来的游牧生产方式，这种生产方式严重依赖天然草场。然而如今的天然草场产草量降低，部分草场退化，而牧民的产值仍然全部来自这种天然牧草的转化，经营粗放，培育程度很低，生产力也不高。但他们凭借着草原的这种具有低能耗、低成本的优势保持着相对稳定的收入，丰歉年的影响不大，牧民既发不了财，也饿不着肚子。可是他们通过信贷购进牲畜搞扩大再生产时，却没有一个人去考虑或适应舍饲和半饲养这种集约型饲养方式，都继续沿袭原始的放牧方法，其产出势必受到影响，特别是畜草不平衡的今天更是如此。如遭遇自然灾害，这种原始的放牧方法的抗灾自救能力很差，损失也惨重，牧民不是负债累累就是家境陷入困境。

内因之二，自然和牧区社会条件的制约作用。牧区地处偏僻、信息闭塞，其建立在自然经济基础之上的游牧生活方式是封闭性的，生活范围狭小，都以家庭为中心，而且居住非常分散，社会组织发育不完善，除了简单的商品交换而发生的社会交往外，主要是亲属交往，这就决定了牧民市场意识和资金使用方法以及效益意识水平培植程度低，尤其是闭塞的交通条件、低下的文化水平、落后的生产方式导致牧民的畜产品生产成本和交易成本较高，再加上牧业生产经营时常出现一些市场风险的因素，那些在银行有信贷的牧户，其贷款成本就大大提高，其家境也处于内外交困的境地，这时客观上往往给人们造成一种牧民信用意识和信用水平低的印象。

内因之三，家境窘迫无计的作用。牧区牧民生存环境差，贫困程度深，许多牧民过着拮据的生活，没有几个牧户在银行存有储蓄，而绝大多数牧户却在银行有借贷。据有关统计资料显示，笔者所走访的那音克乡艾丁阿门村和新塔热乡布茨恩查干村的牧民都在银行里有借款，即艾丁阿门村借款的有 37 户（全村总户数为 51 户），占总户数的 72.5%；布茨恩查干村借款的有 73 户（全村总户数为 152 户），占总户数的 48%。而在全那音克乡（全乡总户数为 232 户）有 92.7% 的牧户（即 215 户）在银行有借贷。由此可见，牧民的借贷现象相当普遍。牧民一家人的吃穿、子女的上学、婚丧嫁娶的置办以及牧民生活的商品化等不可避免地增加了牧民的货币支出，生产收入总赶不上生活的需要时，牧民为了维持生计，不是求亲友接济，便靠银行贷款过日子。这种收入水平低、费用大、超支欠款多的状况，久而久之，会导致一代又一代的贫困，生活难有提高之日。

二　牧民流动人口问题

这里所谓的"牧民流动人口"是指牧民的家庭式流动人口。在高寒的牧区，牧民子女的就读升学、老人的看病就医都是不尽如人意的，于是有些有能力的牧民萌发了住进县城的念头。这样，不少牧民最近 5 年来先后到和硕、和静等县城安家落户成为流动人口大军中的牧民流动人口，可谓是适应经济社会发展形势，顺应城市化发展潮流而产生的新事物。据不完全统计，在和硕县城内这种家庭式的流动户约有 150 户，其中那音克乡的牧民有 30 ~ 35 户；和静县约有 53 户，他们均为来自巴音布鲁克牧区的牧民。笔者在和硕、和静两县县城对这些流动牧户的现状进行了入户访问和了解。他们的营生方式是这样：家有老人的，青壮年在牧区山里放牧经营，其上了年纪的父母在县城照顾上学的孙子孙女，为其做饭、料理家务；家无老人的，女主人在县城照看读书的孩子，男主人和别的牧户合伙轮流放牧，轮休期间来县城与家人团聚；也有一些富裕的牧户索性倾巢下山，畜群由他人代牧。他们大多数租用简陋的民房，比较富裕的买楼房或买独门独院的民房住。下面是笔者所了解到的流动牧户的大概情况：

牧户情况一：那·巴塔是和硕县那音克乡包尔图村的一位牧民，是两个孩子的母亲，为了让两个孩子能够接受正规教育，于2004年来到县城，租用两间约20平方米的简陋民房已有两年，屋里只有两张大床、被褥、炊具及板凳，没有电视机，儿子上双语班，女儿上幼儿园。我问她，你们乡里有小学，为什么不送孩子去附近的学校而舍近求远？她说他们村里没有医生，没有学校，而乡里的学校、医生离他们有40千米的路程，县城有100千米，这40千米和100千米对他们来说是一回事，都是半天的路程，所以他们选择县城是因为县城的学校好，医生也好。由此可见，这位牧民舍近求远图的是学校的教学质量高。其每个月的房租费70元、水电费30元、垃圾费6元，上双语班的孩子一个学期学费为241元，女儿每月的幼儿园费是130元（冬季每个月还加40元的取暖费），每个月的油、盐、米、菜、煤气开销有300～400元，再加交通、通信和全家人全年的衣着开销，一年下来全部花销达万元以上。这位妇女的丈夫在牧区山里（离县城150多千米）与其他牧户合伙放牧，他们家所拥有的财产为70多头牦牛、15匹马，在村里还有用砖坯盖的约80平方米的房子（这所屋子已经荒废，因为丈夫自带小帐篷野外露宿）。据这位妇女所称，2004年她家向银行贷了2万元，至今还未偿还，去年她家收入是15000元，若今年收成好的话他们打算在年底把银行贷款全部还清，她自己也不是赋闲在家。把孩子送到学校后，她会找些零工做。在访问结束时，笔者向这位妇女再询问了一个问题：你觉得，从牧区搬到县城居住的牧户中有多少牧户的家境与你的家境相似？她回答称，据她所知，有20多户。在笔者接着访问了解到的十几家牧户的家境以及来县城居住的目的等情况与这位妇女的家境和目的确实相近。所以在此不再一一赘述。

牧户情况二：敖·普日外是那音克乡包尔图村的一位牧民，58 岁，来县城已有 5 年，花 6 万元住进了约有 1 亩地面积的一所独门独院的民房，房子面积为 120 平方米，还有 20 平方米的两间厨房，家具齐全，电视机、电冰箱等现代化的电器应有尽有。长子初中毕业后无业，现已成家，两个女儿和儿媳妇在县城有工作，还有一个女儿在内蒙古上大学，迁入县城定居是因为想待在孩子们跟前。在牧区山里有他们的牲畜，有两位代牧人替他们看管放牧，他们的牲畜是 400 头牦牛、20 头牛、50 匹马，还有一辆 213 汽车。普日外说，几年前他从银行贷过 4 万元钱，这笔贷款当时两年内就还清了，现在没有债务，他对自己城镇的定居生活非常满意，但对自己身体的异常肥胖感到困惑不安（这可能是与其突然改变终年奔波于草原生活的习惯和运动的减少有关），还抱怨牲畜卖不上好价钱，他说去年他出售了 70 头牦牛，其收入只有 5 万元，一头中等水平的牦牛可勉强卖到 800 元，高档优质的才值 1000 元，差的 600 元或 500 元不等。笔者从与普日外的交谈中也了解到其日常的活动规律：他与儿子一般在一两个月内去牧区上山看看畜群、慰问代牧工并发放一些日用品以及工钱等，其余时间他们都在县城，到老乡家去串门，拉家常，或整天赋闲在家看电视，或逛荡县城街头，或打听和了解牲畜市场行情等。

据说，在和硕县城像普日外这样的家境相似的牧户人家有 8 家，多数是买了商品楼的，也有和普日外一样买一所独门独院民房的，笔者挨家挨户走访了其中的 3 家，家境确实与普日外相近，但有不同的一点是他们畜群的经营以绵羊或山羊为主，而且他们都比较勤快，都想努力搞些多种经营，如有一位牧户在牧区的两三个点开设了小卖铺，还有一位正在计划搞运输，也有个别的准备在县城发展。

三 牧民子女的就业问题

最近几年来，人们常说农村无业青年和大学生就业难，笔者从和静县巴音布鲁克牧区和和硕县的调研中得知，牧区无业青年和大学生就业更难。与农区相比，牧区几乎无用人需求，除了放牧人和兽医，无其他更多的就业途径和生活出路。笔者在巴音布鲁克草原上见到游荡在巴音布鲁克区（这里只有 3000 多人，也算是个小小的镇）街头无所事事的大批青年，他们几乎每天从较远的分散在草原上的牧点（住所）四面八方来到这里，不是去网吧（这是在牧区的唯一一所文化活动场所），就是在街头闲逛，当问及他们无业的原因时称：家里社会上没有关系、没有门路、没有钱。笔者无奈地说帮父母经营畜牧甚至以多种方式经营也是一种出路时，他们表现出一副不屑的神情。当然，现在的年轻人，特别是大、中专毕业生觉得那些放牧生计，让他们无颜见人，甚至牧民还抱怨现在的新媳妇都不愿意做挤奶、烧茶、做饭等家务活，时不时往区公所或县城里跑，很少待在家里。牧民的抱怨虽然无可厚非，然而，现今的形势已远非昔日可比。这些曾离开牧区到城市上过学的牧民子女是断然不可能再当牧民的，他们期望着享有城市的一切物质条件和舒适生活，努力打破自己的隔绝状态和无所事事及游牧生活无聊的漫长冬季，希望住在离城镇不远的地方，哪怕是农村，以便既能得到城市的方便，又能避免偏远的环境在物质生活和精神生活上造成的不便。

改变处境、改变生活、改变身份、追求新奇、渴望创新是大多数年轻人的特征，牧区的牧民子女也不例外。然而，客观现实是严酷无情的。就客观条件而言，以巴音布鲁克牧区为例，那里没有真正意义上的就业空间，牧区全部的剩余劳动力只滞留在所谓放牧的第一产业，没有第二、三产业，使得牧区剩余劳动力难以实现就业转移，而区、乡行政机构以及学校等，其事业编制都有明确限定，待业大学生被吸纳的几率几乎很低；就主观原因来说，这些待业的大学生所学专业比较单一，一般以蒙古语言文学、历史学、思想政治教育等专业为主，在有限的所需岗位饱和状态下，他们所拥有的专业就没有用武之地了，所以他们择业的余地非常有限。再说，他们都是蒙古语授课大学生，由于汉语水平差且未拥有应用性专业，想留在城镇找工作非常困难，即使拥有应用性专业和相当不错的汉语水平的，在城镇就业岗位竞争激烈的今天找份工作同样不容易。

以 2005 和 2006 年和硕县蒙古族大、中专毕业生就业情况为例可以说明这一问题的严重性。2005 年，该县的大、中专毕业生共 11 名，其中大学本科生 2 名（中国少数民族语言文学专业 1 名、蒙古语言文学专业 1 名），大专生 6 名（英语专业 1 名、法律专业 3 名、计算机与信息管理专业 1 名、蒙医学专业 1 名），中专生 3 名（空乘服务专业 2 名、卫生保健专业 1 名）。这里面应用性专业就占了 81.8%，而实现就业的只有 1 名（卫生保健专业），就业率仅为 9%。2006 年的情况还逊色不少。大、中专毕业生共有 19 名，其中大学本科生 14 名（数学与应用数学专业 3 名、金融学专业 1 名、汉语言专业 2 名、市场营销专业 1 名、法学专业 1 名、蒙古语言文学专业 3 名、编辑出版学专业 1 名、思想政治教育专业 2 名），大专生 5 名（计算机及应用专业 1 名、司法鉴定专业 1 名、教育技术学专业 1 名、旅游管理专业 1 名、音乐教育专业 1 名），其中应用性专业所占的比例也很高，约占 71.4%，而实现就业的也是只有 1 名（司法鉴定专业），就业率仅为 7.1%。由此可以得知，所学专业不符合市场需求是问题的一个方面，而所学专业符合了市场需求，人家就还要看你"专业"的含金量，这可以说是所谓的市场需求运作机制的百般挑剔造成发展比较滞后的蒙古族学生特别是蒙古语授课大学生就业困难的另一个重要原因。

四 思考和政策建议

牧区面临的以上主要问题，决定了牧区工作须有不同于乡村的新的工作思路。通过这次调查，笔者对牧区工作有了进一步的认识，对如何解决牧民的以上问题提出以下几点思考和建议。

（1）农村信用社虽然积极向牧区投入资金，扶持当地牧民发展畜牧养殖，有效地缓解了农牧民贷款难的问题，但这种方式掩盖了一个牧民家庭在牧区所需要的条件，或者说忽视了自然和牧区社会条件的制约作用。在这种制约条件下，贷款的用途大打折扣，牧民不会运用价值规律来指导畜牧生产、安排畜产品流通，就难以在信贷上立足，求得生存和发展。所以，不从制约牧区经济发展的根子上解决问题，靠一些信贷更多产生的是无效投入。因此，牧区当地政府对牧民的生存和社会条件应予以高度重视，主要措施就是让牧民群众改变传统观念、传统的生产方式，改变生存环境和生活方式，并让牧民逐渐过上定居生活，在这方面当然要努力争取国家的大力扶持。信用社在牧区的信贷服务工作中，不仅注重把钱贷出去，更注重的是让贷出去的钱能帮助牧民群众发展生产、改善经营、增加牧民收入。最根本的也是最有效的途径，就是增加牧区剩余劳动力在畜牧业产业链上的就业空间，开展多种经营，对牧民进行有关的科技和技能技术培训，让牧民充分有条件参加现代经济活动。

（2）经济社会的发展形势，城市化的发展潮流，使得一些牧民的心态步入了新境界，彻底改变了牧民主观能动性长期压抑的被动局面，主体意识得到充分展现，自主支配前程的信心大大增强，活动空间也逐渐由牧区扩展到了更广阔的社会空间，他们的富裕生活会给牧区的牧民产生示范作用、榜样作用。如果牧民的这种走进县城或举家迁入的努力失败，将大大削弱进农区、进城镇定居对牧区牧民的吸引力。尤其是巴州蒙古族牧民的定居工作一直成效不大，当地政府一直为牧民定居造舆论、造声势，并做了大量的工作，却对主动找上门来并"安营扎寨"已有四五年的这些县城上的流动牧户的家属、子女入托上学等问题未曾给予关心和引导。在牧民的定居意识逐渐增强之际，有关部门应及时利用新农村、新牧区建设的契机，顺势引导，为他们谋求出路，创造条件，更好地走向市场，走向现代文明。同时，政府需要探索和建立相应的对牧民具有吸引力的优惠政策和奖励机制，对牧区工作采取灵活的措施，彻底改变以往的静态管理。

（3）市场经济是优胜劣汰强者生存的经济，牧民子女作为来自社会发育滞后的弱势群体的一分子，其整体文化技术水平较低，如果没有国家在政策方面的扶持和帮助，按照市场经济的规律使之推向市场，特别是其生活水平大大低于城市市民的条件下，让他们去跨国公司、去民营企业、自己创业、灵活就业，他们必然会处于越来越弱的地位。国家对少数民族人员的就业有特别规定，培养、选拔和使用少数民族干部和各类专业技术人才是贯彻落实党的民族政策的一项重要内容，是搞好民族团结、发展少数民族政治、文化等各项事业的关键。所以，牧民子女的就业问题也是当地政府首先要考虑的问题，特别是要改变这一状况，需认真贯彻党的民族干部政策，严格执行民族区域自治法，将培养、选拔和使用少数民族干部和各类专业技术人才工作纳入法制化轨道上来，对牧区加大扶持力度，要切实改变牧区单一的产业状况，逐步培育和发展第二、三产业，拓宽牧区无业青年和大学生的就业、创业渠道。

—————◦ 第四章 ◦—————

巴州蒙古族教育发展现状及对策建议

巴州现有蒙古族人口 4.8 万人，主要分布在和静县、和硕县、焉耆县、博湖县、库尔勒市，其中约有 80% 以上的人口在农牧区。由于历史、生产方式和自然条件等原因，牧区牧民的居住特点为大散居、小聚居。相应的，其学校的布局也极为分散，规模偏小，办学条件也极差。为了解决牧区校点分散、规模偏小的问题，从 20 世纪 80 年代开始，全巴州建起了一批农牧区寄宿制学校。据有关资料显示，截至 2003 年年底巴州共有各级蒙古族学校 20 所，其中小学 14 所（不含民汉合校）、初中 5 所（不含民汉合校）、高中 1 所（不含民汉合校）。牧区建立寄宿制学校后学生在校食宿、学习，解决了居住分散、流动性大、儿童入学难等一系列问题。这些学校也从 1989 年起先后开始实行了双语教育，其教育模式分地区、分年级等各有差异。大致有三种情况：一是在偏远的牧区相当一部分学校基本无力开展双语教学，只开设了汉语文课；二是把汉语文作为一门主科开设，其余各门学科均用蒙语文、蒙古文教材教学，如巴州蒙古族高级中学之高中部；三是把蒙语文作为一门主科开设，其余各门学科均用汉语文、全国统编汉语文教材教学，如和静县一小、巴州蒙古族高级中学之初中部和和硕县一中。为了了解巴州蒙古族教育的现状、存在的问题以及广大师生对蒙古族教育的心声与企盼，笔者走访了当地许多师生，并在此基础上进行了专题问卷调查。

为了使问卷调查能够比较全面地反映蒙古族师生的情况和看法，按照

师生相应的比例发放：巴州蒙中：73 份（高中：学生 38 份，教师 7 份，初
三双语班：学生 18 份，教师 10 份）；和静县一中：31 份（初中学生 22 份，
教师 9 份）；和硕县中学：59 份（初一：学生 39 份，教师 20 份）；和硕县
那音克乡中心小学教师：19 份。以上各项合计为 182 份，实际回收率均为
百分之百。被调查人员的基本情况如下。

性别：33% 为男性（60 人），66% 为女性（121 人）。1 人未填性别。

年龄：未满 18 岁的占 38%（70 人），18～24 岁的占 6%（11 人），
25～34 岁的占 5%（10 人），35～44 岁的占 7%（12 人），45～54 岁的占
4%（7 人），55 岁及以上的占 1%（1 人）。有 71 人未填年龄。

文化程度：初中 37%（68 人），中专或高中 28%（51 人），大专 13%
（24 人），本科及以上 14%（26 人）。13 人未填文化程度。

职业：学生 64%（117 人），教师 36%（65 人）。

本章研究基于一项关于巴州蒙古族师生对目前蒙古族教育状况的认识
和看法的调查。本章以基本数据、访谈的报告及分析为主要内容，笔者希
望这份报告能为相关的研究者提供一些社会事实的和学术性的参照，也希
望这项工作能为推动新疆蒙古族社会现状的调查起到一份绵薄之力。

一 对双语教育的认识和意愿

我国社会经济的突飞猛进，从各个层面深刻地改变了人们的生活，也
改变了人们的思维方式和价值观念。在这样一种大背景下自治区实施的
"双语教育"政策已经受到新疆少数民族的高度重视和响应。从某种意义上
说，"双语教育"的提出和实行事实上是教育观念的一次大变革，从笔者的
调查结果来看，巴州蒙古族师生有极强的进取心和很强的务实精神，他们
对"双语教育"的实施持肯定和欢迎的态度。当问到"'双语教育'是一个
必然发展趋势，您同意吗？"时，"非常同意"者占 23.1%，"同意"者占
68.1%，"无意见"者占 7.69%，"不同意"者占 1.1%。也就是说，有
91.2% 的师生对"双语教育是一个必然发展趋势"持肯定态度，而 1.1% 的

师生持"不同意"或一种不理会的态度。从这个结论看出绝大多数蒙古族师生以面向现代化、面向世界、面向未来的改革创新视野来对待"双语教育"并给予高度重视。

蒙古族师生的这种豁达开放的心态和对多元文化有较高的认知程度与新疆这片多样化的民族、多重文化氛围和多种语言环境的土地有着直接的关系。他们的社交圈里有维吾尔、汉、哈萨克等民族，与之交往和交流时能够熟练地运用对方的语言沟通已成为他们的生存和生活方式之一。在回答"除了母语，您还会哪几种语言?"时，有95.6%的人选"汉语"，有21.4%的人选"维吾尔语"，有18.1%的人选"其他语言"。特别值得一提的是北疆的蒙古族掌握汉语、维吾尔语、哈萨克语的比例较高，有较高的融入主流文化、主流社会的倾向。这一现实情况，使蒙古族加深了对多元文化的认知，也为其向各民族学习、取长补短提供了条件。所以他们对"三语教学"（即加一门外语）的呼声也高。问卷调查中的一个问题是："你认为目前有必要开展'三语教学'吗?"对此，最多的回答集中在"有必要"，占68.1%，其次的回答为"迫切需要"，占15.9%，二者合计为84%，其余的"不必要"和"不清楚"等分别占7.69%、7.14%。显然，这可能是学生们自觉的需求。

二 关于学习目标和未来

问卷调查的另一个问题是："您的学习目标是什么?"对此回答最多的是"当律师、记者、会计师""当教师"和"当医生"，分别占35.7%、33%、29.7%，其他依次为"当企业家""当公务员""当作家""当有文化的工人""当有文化的牧民""当有文化的农民"等分别占11.5%、11%、3.3%、1.65%、0.55%、0.55%。这一结果的显示，说明蒙古族学生对学习有较强的目标性，表明他们对未来人生道路的期望值很高，也就是除1.1%的学生外，其余的绝大多数学生的生活目标和心态中都贯穿着现代职业理念。从这里也可以看出，这些牧民子女有与其父辈的传统游牧生活相分离的倾向,这也是社会发展的必然趋势。

但是有不少的当地蒙古族大学生不能就业,直接影响着当地在校生的学习目标,使其面临着更为严峻的既要完成学业又要承受未来的升学及其出路和就业压力。下面的数据足以说明这一点:在问及"您对您自己未来的就业担忧吗?"时,有40.7%的学生回答"担忧",有31.9%学生表示"担忧,但情况会好起来的",有22.5%的学生回答"非常担忧",三者合计占到被调查学生总数的95.1%,其他依次为"不担忧""没想过""无所谓""根本不担忧"等分别占4.95%、4.4%、1.65%、1.65%。笔者担心学生的这种"担忧"会或多或少影响和左右学生读书的积极性和主动性,从而使学生迷失发展目标和努力方向,使其产生学习不用功、学习不用心或学一天算一天、得过且过的心理。其实这种"担忧"应该成为学习的压力和动力才是,但这种现象应当引起重视并采取有效措施做好启发、引导、教育和管理工作。

三 关于教学质量

在回答"您认为目前蒙古语授课教学中存在哪些问题?"时,回答比例最高的首推"生源短缺",占39%,其他依次为"教学设备""大学专业单一""教学质量"等,分别占35.2%、31.9%、17%。这些存在的问题在笔者接下来的调研中得到证实。笔者曾拜访当地有关部门的领导,查阅过有关的资料以及和当地师生进行过交流。现对所获得的信息进行整理,并对其中一些问题作能力范围内的分析。

(一)合格教师少

受访者都认为,在蒙古族学校特别是牧区学校合格教师少是蒙古族学校教学质量方面存在的主要问题。经调查发现,蒙古族学校教师队伍结构失衡,专业师资严重不足,主要缺计算机、汉语、音乐、体育、美术等教师,有的学校甚至根本就没有这方面的教师,或者长期不能开课或开课不足，有的学校还缺数学、物理、生物等学科教师。如巴州蒙古族高级中学截至 2006 年 10 月紧缺数学、物理、化学、汉语、英语教师；和静县巴音布鲁克区寄宿制学校截至 2006 年 8 月也紧缺汉语教师 5 名、英语教师 6 名、美术教师 3 名、数学教师 2 名、计算机教师 1 名、舞蹈教师 1 名、音乐教师 2 名。所以，在这些学校学业与教授课程不对口的现象普遍存在。如蒙古语专业毕业的所谓"蒙汉兼通"者在校教汉语、政治或汉语专业毕业者教生物、数学等课程。值得一提的是，在牧区教汉语的老师大多原本是蒙古语授课教师，他们自身的汉语水平就很有限，其教学效果可想而知。上这些课的学生普遍存在着成绩均不理想的状况。所以，教师的专业基础不扎实或水平偏低，必然导致教学质量的下降。

（二）办学条件差

有关方面反映："多年来，蒙文教材及教学资料的奇缺一直困扰着学校的正常教学，是造成教学质量低下的重要原因之一。"笔者在调研中也亲眼见证了这个事实，走访过巴州蒙古族高级中学、和静县巴音布鲁克区寄宿制学校和和硕县那音克乡中心小学，觉得办学条件除巴州蒙古族高级中学较好外（因为普通高中使用的是内蒙古自治区的教材），其他两所学校的办学条件仍比较差，尤其是义务教育阶段（小学、初中使用的是新疆自己编译的教材）教材及资料奇缺。学生手里除了课本之外，没有辅助教材和配套的同步练习册。教师手里也只有教材，甚至连《教学大纲》《教学参考书》都没有，教师出于责任心不得不用手刻写参考书和同步练习册。此外，这些学校的教学设备也奇缺。如那音克乡中心小学没有音体美器材，更谈不上图书室、计算机室、多功能电化教室设备。巴音布鲁克区寄宿制学校也缺音体美器材、语音器材和计算机。这种状况下学生在德、智、体、美等方面很难健康成长，办学效益也很难提高。

（三）学生成绩与其他民族学生相比有明显的差距

从相关资料的分析结果中，我们可以看到，蒙古族学生的学习成绩确实不佳,这个结果与笔者了解到的情况基本相符,请参见表4-1。

表4-1 2002年全自治区部分初中毕业生升学统考成绩情况

单位:分,%

项目	科目	民族	政治	语文	数学	物理	化学	英语(汉语)
I卷	平均分	汉	57.3	59.1	58.8	66.8	68.0	56.8
		维	30.8	54.4	24.5	34.4	34.1	34.4
		蒙	27.4	49.7	25.4	29.3	27.5	50.8
	及格率	汉	49.5	51.5	50.2	65.1	63.6	47.3
		维	2.7	42.7	3.0	6.0	9.1	17.3
		蒙	1.1	33.5	2.5	3.8	3.2	42.4
	优秀率(85分以上)	汉	2.2	1.7	13.8	18.7	31.6	14.3
		维	0.04	1.7	0.13	0.26	1.4	2.9
		蒙	0	1.8	0.12	0.12	0.35	10.0
II卷	平均分	汉	22.6	36.6	23.8	25.2	24.4	23.7
		维	17.3	29.6	7.6	12.6	12.9	13.7
		蒙	9.0	36.9	5.3	9.7	8.7	14.5
	升学平均分	汉	52.9	66.1	53.2	59.5	58.4	52.5
		维	32.7	56.8	19.9	29.8	30.0	30.9
		蒙	22.7	61.8	18.0	24.4	22.6	40.4

说明:参加考试人数汉语43419人、维吾尔语13126人、蒙古语862人。
资料来源:巴音郭楞蒙古自治州教育局。

从表4-1所列举的数字不难看出,I卷各科及格率、优秀率平均值及总分平均分汉族分别为54.53%、13.72%和61.13分;维吾尔族分别为13.47%、1.07%和35.43分;蒙古族分别为14.42%、2.07%和35.02分。II卷的总分平均分与升学总分平均分:汉族分别为26.05分与57.10分;维吾尔族分别为15.62分与33.35分;蒙古族则分别是14.02分与31.65分。以上五项指标,蒙古族学生除I卷的各科及格率、优秀率的平均值高于维吾尔族学生外,其他三项指标都略低于维吾尔族学生;蒙古族学生同汉族学生相比,其五项指标都存在一定的差距,I卷各科及格率、优秀率平均值及总分平均分分别比汉族学生低了40.11%、11.65%和26.11分,II卷的总分平均分与升学总分平均分分别比汉族学生低了12.03分与25.45分。

由此可见，巴州蒙古族教育就整体状况而言，还没有显现出其教学质量特征，与其他民族的教学质量和标准还有一段距离。

（四）学生自身的原因

相对于汉族学生来说，蒙古族学生对教育的认识差，质量意识不强，竞争意识比较淡漠，学习不求上进，满足于一知半解。所以，读书的积极性和主动性就相当差。本次的问卷调查中，笔者在最后向学生们询问了他们放学回家后每天平均用多少时间做功课、看书的问题。结果显示，每天平均用不超过 2 小时的时间做功课的学生有 39.6%，不超过 1 小时的占 34.1%，超过 2 小时的占 14.8%，也就是 73.7% 的学生的做功课时间都不超过 2 小时，超过 2 小时的只占 14.8%。学生们放学后用于读书的时间比前者更少，读书不超过 1 小时的占 38.5%，不超过 2 小时的占 13.2%，超过 2 小时的只占 7.14%。这与汉族学生把时间和精力全部投入学习的情形形成了鲜明的对比。这一状况要求广大蒙古族教师除要承担教书任务外，还得把教书育人的工作重心放在学生非智力因素的养成上，即花大量时间和精力去着重培养学生的学习兴趣，使他们尽早意识到养成良好学习和生活习惯之必要，只有这样多管齐下、综合治理，才能使教书育人的使命收到事半功倍之效，使学生成绩差的局面得到根本改观。

四 生源以及民族文化的传承问题

前面已论及全巴州共有 20 所蒙古族学校，其中高中只有 1 所。有关资料显示，这所高中蒙古族学生高考升学率多年来一直偏低。例如：2003 年，该校参加高考人数 224 名，被高校录取的有 79 名，升学率为 35.26%；2004 年参加高考人数 190 名，被高校录取的有 47 名，升学率为 24.73%；而 2005 和 2006 年的高考升学率仍然很低，分别为 27.31% 和 38.15%。如此低的升学率里面，学生所选报的专业结构又极为不合理，高达百分之八九十的为文科专业。据笔者所掌握的资料，2001 年本科录取 72 名，其中理科生只有 7 名；2002 年本科录取 69 名，其中理科生 9 名；2003 年 82 名本科生中理科生只有 13 名。造成这种局面的直接原因是民考民的蒙古族学生选择专业的余地非常有限，学生可以选报的专业大多集中在蒙古语言文学、历史、政治、新闻出版等传统的老专业，而这些专业就业面相对狭窄，行业需求有限，也可以说这种状况是造成巴州乃至新疆蒙古族大学生就业困难的最直接原因。

多年来民考民蒙古族学生碰到的高考选报的专业少、升学率低、考上的又就业难等问题，打击了牧民送子女上蒙古语学校的积极性，导致了牧区不少牧民为其子女"择校"和"转学"等现象的发生，他们效法城镇蒙古族子女上汉族学校的做法，将子女送到汉族学校，以期解决子女的升学和就业难的出路问题。这一现象的出现虽然无可厚非，然而，这一现象进一步导致了蒙古族学校生源的大量流失，使来之不易的民族教育受到了极大的冲击。以和硕县那音克乡中心小学为例：这所学校规模很小，全校在校生只有 43 名，其各年级的人数为一年级 4 名学生，二年级 5 名学生，三年级 6 名学生，四年级 8 名学生，五年级 9 名学生，六年级 11 名学生。谈到学生如此之少时，校长说他们学校原本可以拥有一百多名学生，可是他们乡的不少牧民将子女送到县城的汉族学校和双语学校就读，这样下去，学校以后的生源无法保障，校长表现出极大的忧虑。在和硕县教育局，笔者从有关领导那里得到的资料显示，在该县城县中学（民汉合校）双语班就读的蒙古族学生有 37 人，龙驹小学（民汉合校）有 155 人，而在县城内其他汉族学校的各年级里就读的蒙古族学生竟然有 392 人。这种现象在巴州的其他蒙古族聚居地也不同程度的存在。

大量蒙古族学生进汉校的现实，必然带来许多人的不适应，甚至产生抵触情绪。笔者和一些蒙古族教师座谈时，他们都抱怨生源的大量流失和学校数量的逐年递减，对这一局面的产生他们颇有微词，并将这一局面概括为"同化的开始"。这是一个很正常的理性的反应，是一种必然的过程，虽然其概括有失偏颇，但情况确实不容乐观。如果我们听之任之，不加以研究和解决，其后果将是非常严重的，对新疆蒙古族的文化传承和发展产生消极影响，使来之不易的新疆蒙古族教育成果大打折扣，也会折损我国多民族大家庭的形象。

新中国成立以来在新疆，党的民族政策的一个丰硕成果之一就是新疆蒙古族文化教育事业得到了空前的繁荣发展。在新疆维吾尔自治区内的两个蒙古自治州和一个蒙古自治县（新疆蒙古族总人口有 166890 人）以及自治区首府乌鲁木齐先后建立了一定规模的蒙古族学校、广播电视、新闻出版、蒙古文报刊和文化艺术机构，大量蒙汉兼通的合格的人中教师和干部就借助这个机构和工作平台，通过教书育人、弘扬民族先进文化、宣传贯彻党的方针政策、传播先进科学技术、满足人民群众日益增长的文化生活消费需求起到了独特的不可替代的作用，为促进各民族共同繁荣进步作出了应有的贡献。这些来之不易的蒙古族文化教育事业是我们党和政府经过几十年的风风雨雨投入大量的人力财力为新疆蒙古族筑起的一座不朽的丰碑，我们应不惜一切代价珍惜和维护好这座不朽的丰碑，这样我们的民族文化才能得以传承，才能有利于社会稳定、民族团结以及社会主义和谐社会的建立。

五　几点启示和建议

通过调研和问卷调查，笔者对巴州蒙古族教育现状有了一个基本的认识，为下一步的积极组织、建设和提高提供了一些启示和建议。

1. 双语教育、民汉合校是巴州蒙古族教育今后持续发展的根本出路

巴州蒙古族学校的教学质量、师资队伍、双语教学以及教学规模等方面存在不少问题，无法满足广大蒙古族学生对教学质量的需求，致使蒙古族学生学习成绩、学习质量多年来一直偏低。因此，无论从教学质量上讲，从提高蒙古族学生适应现代社会的能力及整体素质上讲，还是从与时俱进地继承和发扬本民族文化合理内核的基础上讲，在蒙古族学校和学生中进一步推进双语教学和民汉合校都具有重大的现实意义和深远的历史意义。

2. 尽早出台有关制度安排，以确保民族教育成果和学生就业，保障民族文化传承

针对蒙古族学校生源的大量流失以及蒙古语授课大学生就业难的问题，有效的对策是当地政府尽早出台有关导向性的制度安排，以保证蒙古族文化教育事业在政策法规的监督下得到全面发展，使蒙古族文化教育事业被逐步纳入制度化、规范化、法制化轨道，通过制度的供给就能吸引和留住生源，就能推动民族教育事业健康发展。例如，政府应当设计这样一种制度：对上双语班的学生实施奖励制度；对就读于汉族学校的蒙古族学生创造条件学母语，并形成一种政策制度；制定一种定向性的录用制度来优先分配和优先录用蒙古语授课大学毕业生或采取各种措施大力拓宽其就业途径和渠道。巴州蒙古族目前的社会现状需要一种有效的政策和制度安排，特别是其教育事业更迫切需要这种安排。因为，有效的政策和制度安排，对于巩固蒙古族教育事业、传承民族文化、维护各民族之间的和谐具有重要的现实意义。

3. 调整布局，集中办学，加大教育投资力度

对牧区学校布局不合理、设点分散且办学条件差的学校进行整合，从而适当集中师资、资源来改善办学条件。如和硕县那音克乡中心小学，班额奇缺，办学条件差，又离县城不算太远的学校应合并到县城里的学校，从而实现办学条件、教学质量的改善。要办好牧区寄宿制学校，必须要加大投资力度，配足配齐教学仪器，开足音、体、美课程的课时，让学生在德、智、体、美等方面健康成长。

4. 加强师资队伍培训，优化教师队伍结构，双语班汉语文教师应由汉族语文教师担任

教师的素质决定着教学质量。教师的培训要做到普及与提高相结合，既要重视普遍提高，又要重视培养重点。要从现有教师队伍中选拔一批有培养前途的中青年骨干教师进行重点培养，尽可能地提供机会和条件。也要加强对"双语"教师的培训，但双语班汉语文教师应该由汉族教师担任，这是出于在教学方法上摆脱对等翻译的束缚和对汉语单词读音、语音的不够标准等问题的考虑，是出于对学生的负责，让他们少走弯路、节省时间，使他们汉语的掌握能够达到标准语。

5. 要保障蒙古族学校的教材供应

教育机制的正常运行完全依靠教材的供给，不解决教材问题，也不提供各科辅导教材，提高教学质量将是一句空话。新疆蒙古语授课的普通高中、大中专院校使用的教材都是内蒙古自治区编写的教材，而义务教育阶段的小学、初中使用的教材是由新疆教育出版社蒙古文编辑室编译出版的。值得强调的是与这些教材相配套的各科辅导教材却一直未能与师生见面，严重影响了蒙古族中小学的教学质量。由于新疆教育出版社蒙古文编辑室人力、物力有限，无力出齐各科辅导教材。因此，解决中小学蒙古文教材短缺问题的最可行的办法就是统一使用内蒙古编写的初中、小学教材，其编写的教材质量上乘且辅助教材也多。建议为使新疆蒙古族中小学师生能够得到这些教材和各科辅导教材的长期供应，由自治区教育厅出面协调，予以解决教材的供应问题。内蒙古的九年义务教育是五四制，而新疆的九年义务教育是六三制。所以，把新疆的蒙古语授课的小学、初中学制改为五四制，统一了教材，统一了学制，有利于蒙古族教育质量的快速提高。

第五章

乌鲁木齐市蒙古族现状调研报告

乌鲁木齐是新疆维吾尔自治区的首府，是新疆的政治、经济和文化中心，是一座多民族聚居的城市。这里居住着汉、维吾尔、回、哈萨克、蒙古、柯尔克孜、锡伯等 37 个民族的人民。蒙古族是早期开发和经营乌鲁木齐的民族之一，这里的"雅马里克山""乌拉泊"等蒙古语地名也见证着蒙古族在这一带生活发展的历史事实。"乌鲁木齐"这个地名在蒙古语中是"美丽的牧场"（笔者并不赞同这一说法，姑且引用）之意。从前在这里游牧的卫拉特蒙古的一支在乌鲁木齐河畔修筑了第一座城堡。这城堡为乌鲁木齐城的不断发展变迁奠定了基础。由于历史的缘故驻牧于这一地带的蒙古人迁移到他处后，又一批蒙古人迁到这里。乾隆年间，驻牧于乌鲁木齐的 1250 多户蒙古人被清廷迁移至北疆的几个地区。据《乌鲁木齐市志·总类》记载①，1949 年时乌鲁木齐有 87 个蒙古族人。从 1949 年起，乌鲁木齐市蒙古族人口逐年增加，到 1985 年时，达到 2691 人，年均递增率为 10.00%。这是新中国成立后党和政府实施一整套民族政策的缘故，是国家在发展民族地区各项事业时从各地调入培养新疆蒙古族新闻出版、广播、教育、文化、卫生、科技等事业人才的结果，多年的发展使新疆的蒙古族拥有了自己的人才队伍。

---

① 乌鲁木齐市党史地方志编纂委员会编《乌鲁木齐市志·总类》第一卷，新疆人民出版社，1994。

如今乌鲁木齐市得到了空前的发展，人口也急剧增长。据《新疆统计年鉴》，2007 年全市总人口达 2312964 人，其中蒙古族人口为 9088 人，占全市总人口的 0.39%。也就是说自 1985 年至今，在仅仅 22 年中乌鲁木齐市的蒙古族人口增长了约 3 倍之多。换句话说，就是新疆全体蒙古族人口（177120 人）5.13% 的人居住在自治区的首府乌鲁木齐市，成为这座城市中的一个社会群体。虽然数字表明乌鲁木齐市的蒙古族这一群体有了一定的规模，但就目前所见资料看，学界对这一群体的关注较少，进行过的有针对性的实证调查，据笔者所知几乎没有。对城市中的这一群体的工作状况、生活方式以及包括语言在内的文化和新情况、新问题进行调查研究，厘清其现实中的一些模糊认识，是十分有益的，便于群体未来发展定位和决策参考。

一 居住格局和基本情况

乌鲁木齐市是以汉族人口为主的城市。据 2007 年统计，全市的 2312964 人中汉族占 72.97%（1687792 人），少数民族占 27.03%（625172 人），少数民族中维吾尔族占 12.28%（284058 人），回族占 10.27%（237730 人），哈萨克族占 2.73%（63275 人），蒙古族在全市人口比例中排在第五位，人口为 9088 人，占全市总人口的 0.39%。他们分别居住在乌鲁木齐市辖 7 个区 1 个县内，即天山区 2460 人，沙依巴克区 2480 人，新市区 1968 人，水磨沟区 754 人，头屯河区 337 人，达坂城区 30 人，米东区 922 人，乌鲁木齐县 137 人。居住特点呈现出分散杂居的格局。

乌鲁木齐是新疆蒙古族知识分子荟萃之地，他们中有从事教育、新闻出版和卫生工作的，有供职于党政部门和公检法机关的，有在企业做事的和靠打工谋生的，也有一些无业青年逐渐走上务工、从商或自由职业的，另外，还有一些各地州和县城的生活比较富裕的或退休干部搬进乌鲁木齐居住的。这里有由国家设置的蒙古语文化机构和学校，也有蒙古族群众自发组织成立的学术团体和教育基金会，在此有必要作个基本情况介绍。

1. 广播、报刊、图书

新疆人民广播电台蒙古语广播 开播于 1958 年，开播初期只有 6 名编译编播人员，现在已发展到在编译编播人员 61 名，当时全天只有一次播音共 35 分钟，现在每天播出 14 小时 30 分钟。2001 年蒙古语广播采用数字化播出系统，2002 年，蒙古语《新疆卫星新闻联播》实现了与汉语同步播出。

《新疆日报》蒙古文版 创刊于 1950 年 8 月 1 日，其编制规模从创刊初期的几名编辑人员发展到 39 名。该报创刊初期为周二刊，1953 年为周三刊，1959 年改为周六刊，从 20 世纪 70 年代中期改为日报，版式为对开 4 版。发行量约有 4000 份。

新疆人民出版社蒙古文编辑部 新疆人民出版社创建于 1951 年 9 月，设有汉文、维吾尔文、哈萨克文、蒙古文、柯尔克孜文、锡伯文等多个业务科室，创建初期蒙古文翻译小组有 4 人。蒙古文编辑部在编人员为 11 人，每年出版的图书品种有 10 种左右，年印册数为 8000 册左右。

新疆人民教育出版社蒙古文编辑部 1956 年创办，是出版自治区蒙古语学校教材和科普读物的出版机构，创办初期蒙古文翻译小组有 2 人。蒙古文编辑部在编人员为 5 人，每年出版的蒙文教材品种 100 种左右，年印册数 9 万册左右，最高曾达到 26.36 万册（1993 年）。此外，新疆人民科技卫生出版社也设有蒙古文编辑室。

在乌鲁木齐市还有《启明星》《语言与翻译》《卫拉特研究》（该刊现已更名为《西部蒙古论坛》）等文学、语言和学术杂志。

以上的蒙古语广播、报刊、图书给新疆蒙古族广大农牧民带来了先进的文化和科学思想，极大地丰富、活跃了他们的精神文化生活，提供了经济建设所需的各种信息和智力支持。

2. 学校

新疆蒙古师范学校 创建于 1953 年 9 月，其前身为乌鲁木齐市蒙古师范。于 1960 年在"左"倾思潮的冲击下，该校被转移到博州二中编为州二中的附属中师班，1962 年被迫停办长达 20 年之久。到 1980 年得到重新恢复并更名为新疆蒙古师范学校，校址也同年迁移至乌鲁木齐市。该校从建校到 1997 年的将近半个世纪的时间里从几个班几名教师的规模逐步发展为 12 个班、400 余名学生和 84 名教职工的中等师范学校，先后培养和造就了各类人才近 3000 名之多，为自治区民族教育事业发展作出了积极的贡献。到 20 世纪 90 年代末该校面临蒙古族学生日益高涨的接受多学科、多专业高等教育的要求和生源不足而整合办学资源，进行优化重组的重大课题。最后经多方努力，于 2005 年 12 月新疆蒙古师范学校与职业大学合并。合并后挂新疆职业大学和新疆蒙古师范学校两个牌子，还成立了新疆职业大学蒙古族文化教育研究中心。

新疆师范大学人文学院中文系蒙古语言文学专业　设立于 1981 年，是全疆唯一的以"蒙考蒙"学生为主要招生对象的本科专业，现设有蒙古语言文化、蒙古文学两个教研室和一个蒙古文图书资料中心。现有教师 11 人，教辅人员 1 人，其中教授 2 名、副教授 4 名、讲师 4 名、助教 1 名；在校生有普通本科 59 人，成人本科 28 人，成人专科 102 人。从 1981 年至今，该专业已培养出普通本科生 254 人、成人本科生 23 人、成人专科生近 400 名。自 1991 年起，该学院中文系在蒙古语言文学专业的基础上还承办了 4 届"蒙考蒙"理科预科班，预科期一年。一年后，分配到校内理科各系，进入本科段学习。1998 年，新疆师范大学建立了蒙古语言文学专业硕士学位授权点，从而使蒙古语教学工作的层次又提升了一个高度。

乌鲁木齐市蒙古族同胞由于居住过于分散一直未能建立起一所供他们自己子女上母语学校的蒙古族中小学。到 1980 年，乌鲁木齐市沙依巴克区教育局应本区部分蒙古族干部职工子女接受用本民族语言文字进行教育的要求在乌市第六小学开设了一个（25 名学生）蒙古语班，之后每年增加 1~2 个班。但这几个班的多数学生的家离校较远，学生年龄小，上学和回家都很困难，由于这些和其他因素使这几个蒙古语班先后几经辗转过几所学校（乌市第 52 小学、乌市客运公司子校、乌市第六小学），直到 1999 年的最后一个班升入初中后蒙古语班就停办了。蒙古语班先后办了 8 个班，共有 100 多名学生毕业。接着，1985 和 1986 年在乌鲁木齐市第 19 中学先后分别设置了蒙古语初中班和高中班，从而解决了乌鲁木齐市小学蒙古语班学生升学问题。这两个班直到 2005 年的最后一个高中班毕业后就停办了。

3. 学术团体和基金会

新疆卫拉特蒙古研究会和中国"江格尔"研究会 分别于 1988 和 1991 年成立，前者是新疆蒙古学研究界的群众性学术团体，后者是全国性学术团体。自从研究会成立以来，以乌鲁木齐市蒙古族学术界为主体的新疆蒙古族学者，积极地开展了有关卫拉特蒙古历史文化和蒙古族英雄史诗方面的学术活动，组织了各种形式的和全国性的以及国际性的学术会议，发表和出版了大量的学术成果，锻造了一批学术新人，在区内外营造了极大的学术氛围，在国内外产生了一定的影响。

新疆蒙古族文化教育促进基金会 于 1991 年成立，以促进新疆蒙古族文化教育和科学技术进步，培养和造就蒙古族各类专门人才为宗旨。主要业绩：先后分别与新疆工学院、石河子医学院、石河子农学院和新疆职工大学组织了大专班和成人文化补习班，累计资助和培养了将近 150 名学生。2003 年，基金会委托金新信托投资有限公司投资理财 50 万元。2004 年，金新信托投资有限公司受德隆事件影响，所投资款损失惨重。2006 年 7 月基金会关闭。

以上所列的各种文化机构，是新中国成立 50 多年来新疆蒙古族地区经济建设和社会发展所取得的历史性进步的缩影，是新疆蒙古族文化教育事业从无到有、从小到大的举世瞩目的成就。新疆蒙古族能够听蒙古语广播、阅读蒙古语报刊图书、接受用本民族语言文字进行的教育，这本身就充分体现了党的民族平等、民族团结和共同繁荣的原则。但是，与此同时应该看到，20 世纪 90 年代初以来，随着改革开放的不断深入和市场经济新体制的建立，新疆蒙古族文化教育事业遇到了前所未有的挑战。例如，蒙古族学龄儿童向汉语授课学校"分流"的势头越来越大，致使蒙古语授课的学校生源锐减。又如，蒙古语报刊、图书的发行量严重缩小的情况也日益突出。再如，如何继承和发扬本民族文化以及如何维持来之不易的文化教育事业等问题已进入人们的思考中。凡此种种都困扰着从事和承担蒙古族文化教育事业的广大知识分子群体，成为他们下意识地流露出来的隐痛。

鉴于以上情况，笔者于 2008 年 8 月选择一些从事教育、新闻出版、卫生工作和供职于党政部门及公检法以及一些企业职工，进行了为期 14 天的问卷调查，主要是投放了 177 份问卷，收回了 177 份，样本选取方法为职业分层随机抽样。笔者还走访了部分蒙古族各阶层人士，了解了他们的所思所想及工作、生活现状。调查问卷共设计了 49 个问题 261 个选项。但是，不知被访者是出于不愿意透露个人信息，还是不认真对待，经常会遇到调查问卷中某些选项没有回答的情况，不过，缺失值所占比例比较小，在 5% 以下。只有两个问题的缺失值是 11 和 32，分别占 6.2% 和 12%，之所以出现如此大的缺失值，可能是被访者不愿意透露个人信息或问题设计过于敏感所致。问题设计涉及被调查对象的基本构成、职业、经济收入、意见、观念、习惯、行为和态度的任何方面，包括传统及习俗在内的文化精神面貌和未来其语言文字将何去何从、民族关系状况以及他们对目前状况的看法和对未来所抱的期盼等。

二 被调查者的基本状况

（一）被调查群体的基本结构

调查样本统计显示，被调查者中，性别结构为：男性占 47.46%（84人），女性占 52.54%（93 人）。年龄结构为：19～29 岁的占 18.64%（33人），30～49 岁的占 61.02%（108 人），50～59 岁的占 16.38%（29 人），60 岁以上的占 3.95%（7 人）。学历结构为：硕士研究生学历的占 6.21%（11 人），本科学历的占 57.06%（101 人），大专学历的占 18.08%（32人），中专或高中学历的占 13.56%（24 人），初中学历的占 1.69%（3人）。6 人未填写学历。职业结构为：公务员（机关干部）占 10.73%（19人），新闻出版部门编辑占 15.82%（28 人），新闻记者占 18.08%（32人），科研人员占 6.78%（12 人），大学教师占 16.95%（30 人），中小学教师占 2.26%（4 人），工程师占 4.52%（8 人），技术员占 2.26%（4

人），技术工人占 3.39%（6 人），医生占 10.17%（18 人），护士占 1.13%（2 人），企业的经营管理人员占 1.69%（3 人），企业的一般职员占 4.52%（8 人），军人占 1.13%（2 人）。1 人未填写职业。

（二）被调查者的家庭月收入情况

从被调查者的家庭人口规模看，2 人户占 16.95%（30 户），3 人户占 47.46%（84 户），4 人户占 24.29%（43 户），5 人及 6 人户占 9.60%（17 户，这一类家庭一般上有老下有小）。被调查者家庭的平均规模 3.5 人。因为调查样本中有 2 人未填写家庭月收入，实际填报者 175 人，存在缺失值，在此值得说明的是，极个别填报者是单身，所以其填报的是个人收入情况，但从调查样本中未能分辨出来。从调查情况看，被调查者的家庭月收入有明显的区别。有 2.82% 的填报者收入在 1000 元以下，有 22.28% 的填报者的收入也相对低，处于 1000～2000 元这一水平线内。2500～3000 元的占 14.69%，3000～3500 元的占 10.73%，3500～4000 元的占 15.25%，4000～4500 元的占 7.91%，4500～5000 元的占 3.39%，5000～5500 元的占 2.82%，5500～6000 元的占 5.65%，7000 元以上的占 1.69%（3 户），也就是 60.44%（107 户）多数处于 2500～4500 元这一水平线，只有 13.71%（24 户）的填报者收入在 5000～7000 元（见表 5-1）。从整体上讲，被调查者绝大多数的家庭月收入普遍偏低。这一目标测评结果与问卷调查的设计（您的家庭月收入属于以下哪个区间段？）确实不相匹配。出现这一情况，不外乎两种可能：一是误解题意，即被访者在泛泛地浏览问卷时，将"家庭月收入"无意间想当然地当成"个人月收入"；二是有意压低收入或随意填写收入的情况。

因为被调查人员当中的绝大多数是在自治区级机关事业单位工作的专业技术人员，他们的家庭月收入不至于那么低，这一点在问卷调查的横向比较中可得到相互印证。将被调查者的家庭生活水平与其相邻的其他民族相比时，情况还是蛮好的。在问及"与您所在居住区的其他民族相比，您认为您的家庭生活水平处在什么位置？"时，选择"很好"和"较好"的分别为 3.95% 和 21.47%；64.41% 的被调查者选择了"和其他民族差不多（平均水平）"；另有 7.34%、1.13% 和 1.13% 的被调查者选择了"较差""很差"和"不清楚"。由此可知，绝大多数被访者的家庭月收入主要集中在 3500 ~ 5000 元，高位数的集中在 7000 ~ 8000 元，而低位数的则是在 2500 ~ 3000 元。

表 5-1　被调查者的家庭月收入分层情况

单位：元,% , 户

	电台编辑、记者	报社编辑、记者	大学教师	公务员	科研人员	工程师	技术工人	企业职工	其他
1000 元以下	0.00	0.00	0.00	0.00	0.00	0.00	0.00	12.50	10.81
1000 ~ 1500	9.38	4.76	0.00	15.79	9.09	12.50	44.44	62.50	8.10
1500 ~ 2000	12.50	4.76	13.33	10.53	9.09	0.00	22.22	12.50	8.10
2000 ~ 2500	6.25	23.81	13.33	15.79	9.09	12.50	11.11	0.00	10.81
2500 ~ 3000	28.13	14.29	6.67	15.79	9.09	0.00	0.00	12.50	18.91
3000 ~ 3500	9.38	14.29	20.00	5.26	0.00	12.50	0.00	0.00	13.51
3500 ~ 4000	15.63	23.81	20.00	10.53	18.18	25.00	11.11	0.00	10.81
4000 ~ 4500	6.25	4.76	6.67	10.53	18.18	12.50	11.11	0.00	8.10
4500 ~ 5000	0.00	0.00	3.33	0.00	18.18	12.50	0.00	0.00	8.10
5000 ~ 5500	6.25	0.00	6.67	0.00	0.00	12.50	0.00	0.00	0.00
5500 ~ 6000	6.25	4.76	10.00	10.53	9.09	0.00	0.00	0.00	2.70
7000 元以上	0.00	4.76	3.33	5.26	0.00	0.00	0.00	0.00	0.00
户　数	32	21	30	19	11	8	9	8	37

三　被调查者的满意度

(一) 对生活、工作的满意度

乌鲁木齐市是新疆蒙古族知识分子、干部和自由职业人士比较集中的地方，生活工作在这里的蒙古族文化素质较高，多从事文化教育事业，在新疆蒙古族中有一定的影响力，而且在新疆的蒙古民族文化教育事业中发挥着重要的作用。那么，乌鲁木齐的这些蒙古族群体是如何看待他们自己目前的生活、工作的呢？

对调查结果的分析表明，有一半多的（56.50%）被访者对目前自己的生活状况持"一般"的态度，有29.94%的被访者对自己的生活状况是满意的，只有9.60%的被访者感到不满意；另有3.39%的被访者认为说不清。当问及"与过去10年相比，您觉得目前的生活怎样？"时，有32.77%的人回答"好多了"；有56.50%的人回答"好一些"，而只有3.95%的人认为"没有变化"；还有3.95%的人认为"变差了"；另有5.08%的人认为说不清。也就是说，近九成（89.27%）的被访者认为个人目前的生活比10年前"好"。从这个结论看出被访者充分肯定了我国改革开放给国民经济和社会发展带来的巨大变化，而上述部分被访者对个人目前的生活状况所持的"一般"的态度，可能是对自身工资收入的不高以及自治区这两年物价飞涨而工资不涨的一点微词吧。从个人生活状况的预期上看，多数被访者对个人未来生活的预期满怀期望。在问及"您的生活状况以后会越来越好，还是越来越差？"时，有超过一半的（55.37%）的被访者表示会"越来越好"；有28.81%的被访者表示"跟现在差不多"；表示会"越来越差"和"说不清"的分别占2.26%和12.99%。通过以上情况可以看到，绝大多数被访者对自身目前的生活状况基本满意，而对自身未来生活的改善同样充满乐观。

调查结果又表明，多数被访者对个人目前工作的满意度较高。当被访者被问及"您对个人目前的工作满意吗？"时，回答满意者高达63.28%，其中"满意"者为53.11%；"非常满意"者为10.17%；选择"一般"和"不满意"的分别为29.38%和3.95%。这一结果，与被访者对另一个问题所给出的答案完全相符。在问及"您所从事的工作是否体现您自己的价值？"时，选择"完全能够体现"的为23.73%，选择"能体现大部分价值"的是38.42%，二者合计占到被访者总数的62.15%；选择"多少能体现一点"的占29.38%；而选择"不能够体现"的仅占2.26%，其余6.2%为缺失值。由此可见，乌鲁木齐蒙古族群体对个人目前的工作是比较满意的。但较之个人工作满意度，他们给自己今后的发展给出的预期并不高，处于居中。当问及"您对自己今后的发展是否有个大体定位?"时,选择"有"和"没有"的分别占44.07%和22.60%,而选择"正在考虑"的却占去28.25%。在问及"你对自己今后的发展方向持何种态度?"时,持"乐观"态度者占45.20%,持"一般"态度者为36.72%,而持"不乐观"者为6.21%,表示"不清楚"者为5.08%。从以上结果发现,个人目前工作的满意度并未带来对等程度的未来发展预期。这是否意味着被访者的思想观念尚存在诸多疑虑(如少数民族文化机构延续发展等),以及是否顾虑未来发展中的不确定因素和一定的风险。

(二) 对本民族社会经济现状的横向比较

当今社会是个大舞台,在中国特色社会主义市场经济的建设和发展中,每一个民族都在扮演着具有创造性的角色。然而,由于各个民族的历史背景和生产方式的不同以及商品观念、货币观念、竞争观念、效率观念、致富观念等价值取向的强弱,在我国社会经济发展建设的进程中每一个民族都确立着自己所处的坐标。根据这样的推论,从调查的情况看,绝大多数被访者给本民族标出的坐标值较低。当问及他们"您认为,新疆蒙古族在市场化社会的竞争中处在什么位置?"时,表示"边缘化位置"的占36.16%,表示"落伍跟不上的位置"的占22.60%,表示"不利位置"的占15.82%,三者相加,共计74.58%,说明绝大多数被访者认为新疆蒙古族在市场化社会的竞争中处在"落伍跟不上的位置";其余9.60%、7.34%、8.47%的被访者分别表示"有利位置""适应位置"以及"和其他民族差不多的位置"。这是被访者对新疆蒙古族从总体上的看法,然而他们又在具体的问题上给出了另一番答案。当问及"您觉得,乌鲁木齐地区蒙古族社会经济现状和其他民族相比怎样?"时,表示"很好"者为2.26%,"良好"者为18.64%,良好的合计为20.90%;表示"一般"者为59.32%;其余9.60%、10.17%的人分别表示"不好"和"不清楚"。由此可以看出,乌鲁木齐地区蒙古族社会经济现状和其他民族相比好像旗鼓相当,但水平较低。这一结果,也和上述乌鲁木齐蒙古族群体对个人目前的生活和工作的满意度是相一致的。

四 社会交往

(一) 语言文字的学习使用

本民族语言文字 当被访者被问及"您在学校学习时，主要授课语言 (以最高学历为准) 是何种语言?"时，对此，最多的回答集中在"蒙古语"，占 54.20%；其次的回答为"汉语"，占 46.80%。可见，被访者中接受过母语教育者和汉语者几近相当。这里接受过母语教育者的绝大多数供职于自治区教育系统和新闻出版等部门，致力于新疆蒙古族的文化教育事业。值得一提的是，在 20 世纪 80 年代以前，我国的蒙古族使用着两种文字，一种是居住在内蒙古自治区和黑龙江、吉林、辽宁、甘肃、青海等地的蒙古族所使用的"胡都木文"。这种文字是 13 世纪在回鹘文字母的基础上创制的。另一种是居住在新疆地区的蒙古族所使用的"托忒文"。该文是卫拉特蒙古高僧咱雅班第达于 1648 年在回鹘式蒙古文 (即"胡都木文") 的基础上创制的。为了逐步结束蒙古族使用两种文字的状况，统一使用胡都木蒙古文，从 1982 年起在新疆蒙古族中推广、使用胡都木蒙古文的工作全面展开。这样在全疆的蒙古族干部和知识分子中掀起了学习和使用胡都木蒙古文的热潮，蒙古族中小学改用了胡都木蒙古文教材，大中专学校的蒙古语专业也转而用胡都木蒙古文教材授课，除《新疆日报》蒙古文版辟有胡都木蒙古文专栏外，其他书刊的编写、印刷等也改用了胡都木蒙古文。所有这一切，打破了新疆蒙古族和内蒙古蒙古族来往很少的局面，增强了两地蒙古族血浓于水的民族情感，开阔了两地蒙古族人民的眼界，为新疆的蒙古族拓宽知识范围、升学、深造以及新疆蒙古族走出去在异地他乡发展等方面开创了广阔的发展空间，还有大量的内蒙古蒙古文报刊图书和电视文艺节目丰富了新疆蒙古族人民的精神生活。据自治区语委会蒙古语办公室主任巴理嘉同志介绍："自 1975～2007 年的 32 年里，内蒙古为新疆培养了蒙古族大学生 1632 名，这里不包括新疆各有关地、州、县以及有关新闻、出版单位、学校、蒙医院等派出深造的进修生、委培生、自费生等。"说的正是这种状况的一个方面。由此可见，学习使用本民族的统一语言文字能带来深远影响。

他族语言文字　当被访者被问及"您家的邻居（住宅楼以单元计）是什么民族？"时，表示与汉族为邻的占 50.28%；与维吾尔族为邻的占 3.31%；多民族混居为邻的占 24.99%；与本民族占多数的为邻的占 10.17%；与一家本民族为邻的占 8.04%；与两家本民族为邻的占 3.21%。由此可见，被访者的邻居多为各兄弟民族，其居住也呈现出分散杂居的特点。由于新疆蒙古族人口少、居住分散且多为与各民族混居为主，所以他们从小就生活在汉语、维吾尔语、哈萨克语等新疆三大民族语言交际环境里，使得他们除熟通本民族的语言文字外，还通晓这三大民族的语言文字或语言。此次调查显示，46.89% 的人表示会"汉语、哈萨克语、维吾尔语"等三种语言；33.90% 的人表示只会"汉语"；14.69% 的人表示会"汉语、维吾尔语"；而 9.04% 的人表示会"外语"；还有 5.65% 的人表示会"汉语、哈萨克语"。也就是说，这些被访者全部会汉语，其中除了绝大多数还兼通维吾尔语、哈萨克语或者兼通其中的一个，只有 33.90% 的人不懂维吾尔语和哈萨克语。由此可见，被访者的绝大多数会几种语言，他们在新疆基本不存在语言交往上的困难。

（二）民族交往

新疆的蒙古族是一个比较开放的民族。由于在同一地域长久地一起生产、生活，在漫长的历史进程中他们与新疆各族人民结下了千丝万缕的联系。在长久的历史交往中，他们逐渐形成了一种在语言上能够与对方善于沟通，在文化上能够善于学习交流的优良传统。那么，时至今日，这一传统在现代城市里的蒙古人中的传承又是怎样呢？调查结果表明，这一传统仍在延续，但略有变化，由过去的通晓维吾尔族和哈萨克族语言文化的重点向强势语言文化倾斜，即倾向于通晓汉语言文化。虽然情况如此，但乌鲁木齐城市内的蒙古族因为交往的需要，他们除母语和汉语外，还都懂得维吾尔语和哈萨克语。这种语言上的优势使他们对他族文化习俗有了较多的了解。在问到"您对新疆的穆斯林民族和汉族的风俗习惯和宗教信仰及民族心理的了解程度如何？"时，有31.64%的人回答"对穆斯林和汉族都非常了解"，37.29%的人回答"对穆斯林和汉族的了解一般"，23.73%的人回答"对汉族的了解更多一些"，只有4.52%的人和6.78%的人的回答分别是"对穆斯林民族的了解更多一些"和"不清楚"。由此可见，蒙古族多数被访者都了解穆斯林和汉民族的风俗习惯及宗教信仰，其中对汉民族的了解程度略高于穆斯林民族，但所占比例相差不大。

掌握多语以及了解彼此文化差异的优势，使新疆蒙古族在与他族的社会交往上比其他民族更具有了积极主动的心态，甚至其与他族交往的深度和广度几乎不受影响。他们在与新疆许多民族的交往中学会了相互尊敬、互相理解、平等友爱、融洽相处的理念，并在工作和生活的交往中逐渐形成团结、协作、合作、协调的民族关系和人际关系，同许多民族结下深厚友谊的比比皆是。特别是维吾尔族和哈萨克族，他们对能讲流利的维吾尔语和哈萨克语的蒙古族抱有好感并一直保持着一种亲密的民族关系和邻里关系。

（三）对民族关系的评价

由于乌鲁木齐蒙古族与这座城市的多民族成员基本上混杂居住，在工作与生活中就有广泛接触、相互了解的机会。可以说，现代社会的这种高密度的混杂居住和高频率的族际互动推进了民族之间的良好关系。因为，这种关系意味着个人与个人、个人与社会的关系相互依赖性更强、密不可分。尤其是在现代社会里，良好的个人关系和民族关系不仅仅是一个成功人士必备的个人素质，甚至是一种重要的生存能力。对调查结果的分析表明，乌鲁木齐蒙古族对民族关系的评价较高。在问及"您认为，能恰当反映目前您和其他民族（或邻居）关系状况的词汇有哪些？（可选多项）"时，选择"融洽""基本融洽""团结""理解""交流""共同发展""合作"

"信任"和"帮助"的分别占 63.07%、52.76%、50.55%、45.73%、42.53%、39.08%、12.43%、12.99%、11.86%。可以看出,民族间和睦相处、平等友爱、互助、信任、共同发展是民族关系的主流,也反映了人们追求社会富足、国泰民安的愿望十分强烈。

自治区提出"汉族离不开少数民族,少数民族离不开汉族,各少数民族之间也相互离不开"的论断已有多年,它在引导新疆的各族人民树立正确的民族观、促进民族关系的发展、加强各民族之间的交流方面起着重要的作用。那么,这个论断在此次被访者中的认知程度如何呢?在问及"您和其他民族交往的阅历是否让您体会到'汉族离不开少数民族,少数民族离不开汉族,各少数民族之间也相互离不开'这句话所蕴含的意思?"时,回答比例最高的首推"体会到",占 61.58%,"体会不深"的占 25.42%,其余"体会不到"和"不知道"的分别占 8.47% 和 3.39%。总的来说,被访者绝大多数对这一论断有较高的认同感和认知度。

五 民族生活圈子

(一)同胞之友爱

许多年间,在乌鲁木齐聚集的来自自治区各地的蒙古族有土尔扈特部、察哈尔部、额鲁特部、和硕特部、乌梁海部等。无论他们来自哪里,蒙古人的传统习俗、礼节在他们中间贯穿遵守,不管他们是邻居,还是住在另一个市区,他们从来不会放弃与自己的蒙古同胞结交朋友、礼尚往来的机会。这也是笔者与自己的蒙古同胞和睦相处 20 余年的感受。但对调查结果的分析却表现出了这样一种倾向:被访者的回答与笔者的感受是不一致的。当问及"乌鲁木齐地区蒙古族已成为一个社会群体,您觉得这个群体内的人际关系怎样?"时,竟有 48.59% 的人表示"一般",33.90% 和 5.08% 的人分别表示"较好""人际关系亲密",只有 2.26% 和 9.60% 的人表示"不好""不清楚"。换句话说,与笔者的感受相反,有一半的人认为乌鲁木齐市蒙古族这一群体的人际关系是一般的。不过，被访者在对自己与这一群体的关系进行评价时，选择"对大多数人都相识，也经常来往"的为40.68%，33.33%和19.21%的被访者选择了"对大多数人不相识，但希望结识"和"因为工作太忙，没时间去结识"；另有5.65%的被访者选择了"对大多数人素不相识，也不想去结识"。也就是说，33.33%的被访者是希望结识，而19.21%的被访者是没有时间去结识，即倾向于"希望结识"，两者相加，希望结识的共计52.54%。如此一来，前面表示乌鲁木齐蒙古族人际关系"一般"的高达48.59%，就不足为奇了。从这个结论大致看出，生活于大城市之多民族群体中的乌鲁木齐蒙古族的一部分与自己同胞保持着密切的联系和交往，而约一半的人则也渴望与自己的同胞接触和联系。

以上调查结果从另一个侧面反映出，被调查者对本民族的关注度较高。当问及被访者"您是否关注有关本民族的知识和信息？"时，回答比例最高的首推"很关注"，占69.49%，其余还包括"一般"（23.73%）、"不太关注"（5.65%）、"无所谓"（0.56%）、"说不清"（0.56%）等。在问到"您通常关注本民族的哪些方面的信息？（多选）"时，有49.15%的人回答"经济发展"，45.76%的人回答"文化传承"，37.29%的人回答"语言文字"，34.46%的人回答"政治地位"，而32.77%和29.38%的人分别回答"子女就业""历史文化"。可以看到，对本民族关注的多焦点体现着被调查者对提升民族素质的期望值较高。

问卷调查的另一个问题是："您是否注重并经常参加乌鲁木齐地区蒙古人的婚丧事？"对此回答最多的是"注重，但只参加自己所认识的"，占70.06%，其他依次为"很少参加"（12.43%）、"注重，不管认识与否一律参加"（9.04%）、"有时间就偶尔参加"（7.91%）、"参不参加无所谓"（0.56%）。由此可见，绝大多数被访者对本民族内部的婚丧事是较为重视的。其实乌鲁木齐蒙古族有较强的民族同胞的友爱之情，尤其对本民族同胞的婚丧事有很强的参与意识和高度的责任心，使得他们在互帮互助、关心体贴的过程中体现着人人都是朋友、人人都是亲人的理念。

（二）节日之情感

新疆蒙古族最重要的节日有春节、那达慕大会、祖拉节和迈德尔节。乌鲁木齐蒙古族过这些节日也很隆重，他们每逢节日都欢聚在该市某一酒店，共庆自己的传统节日。其中那达慕大会由于场地的原因，举办得较晚，于1990年经乌鲁木齐市人民政府批准，市民委发文，每年的8月初在乌鲁木齐市南面的乌拉泊水上公园举办。这些节日相聚的盛会向乌鲁木齐蒙古族提供了民族同胞之间感情上的支持，密切了个人以及各部同胞之间的关系，增进友谊，加强团结。但在城市举办的节日聚会除那达慕大会外，往往受场地规模的限制，每次能参加的只有500~700人，还有很多人无法参加聚会，导致不少人抱怨不断。问卷调查也从另一个侧面反映出人们对节日聚会的期盼。在问及"您是否经常参加乌鲁木齐地区蒙古族举行的一些活动？如：迈德尔节、那达慕大会等"时，选择"经常参加"和"争取参加"的分别为32.20%和19.77%，积极参加的合计为51.97%；选择"有时间就参加"和"偶尔参加"的分别为25.99%和16.95%，即倾向于参加的合计为42.94%；其余3.95%和1.69%的人表示"参不参加无所谓""不感兴趣"，即倾向于无所谓的合计为5.64%。由此可见，绝大多数被访者对节日聚会的参与是积极的。

六 民族意识的增强

（一）民族文化的失落感

乌鲁木齐蒙古族社会群体长久以来与这座城市的主流社会群体相互交往、杂居共处，一直保持着草原人所拥有的豁达心态，以至与各民族之间很少有此疆彼界之限。特别是在当今世界的文化激荡中他们较快地融入了主流社会。首先表现在他们所居住的地方由于已经没有本民族语文教学环境，子女都上汉族学校。其次表现在具有包容性、"赶时髦"、赶先进、"吐故纳新"的民族特性上。在问及"您在家里使用母语的频率如何？特别是与子女的交谈"时，有25.99%的被访者表示"经常使用"；有54.80%的被访者表示"经常使用，但中间夹杂着汉语"，还有14.12%的被访者表示"很少使用"，两者相加，母语中间夹杂着汉语和很少使用母语者高达68.92%；其余5.09%的被访者表示已经"不用"母语了。由此可见，强大的外部环境迫使人口少的乌鲁木齐蒙古族群体在其家里使用母语的频率呈现逐渐衰落的趋势。

随着自身民族文化面临失落的严峻形势，人们逐渐意识到：尽管融入可能是他们适应主流社会的一个积极方式，但也不完全是有益的——直到疆内的各地州、县蒙古族学龄儿童向汉语授课学校"分流"，致使蒙古文授课的学校生源锐减，出现班级断层，不少学校被迫停办时，人们才认识到民族教育事业对一个民族来说究竟意味着什么；只有当蒙古语报刊、图书的发行量严重缩水的情况日益突出时，人们才对蒙古文出版事业的未来忧心忡忡；只有在各地州大量的蒙古族教师以及相应的机构干部已经面临内退后，人们才开始忧虑起来。

在问卷中，笔者对被访者直接询问了"您的母语将会出现严重的断代现象吗？"这一问题。在4个选项中，按照顺序，排在首位的是选择肯定的说法"是"，达到42.37%，认为"至少5～10年内不会出现"的占25.42%，认为"不会出现"的占18.09%，而表示"说不清"的占14.12%。这里，"至少5～10年内不会出现"这一选项虽然提出了一个时间的问题，但毫不迟疑地肯定着母语将会出现严重断代的问题，如此一来，认为母语将会出现断代的高达67.79%。可见，新疆蒙古族母语前景渺茫。也许正因为这个原因，悄然冲淡了人们当年看好学习使用本民族统一文字所带来的美好前景。当问及"您认为在新疆蒙古族中推广使用胡都木蒙文是成功还是失败？"时，选择"到目前为止，还是成功的"占40.12%，选择"成功与失败并存"的占30.51%，选择"完全失败"的占11.86%，而选择"不知道"的占17.51%。从这4个选项中可看出人们的看法各异，各项也占一定的比例，表明时到如今，人们对当年看好的前景却并不在意。

而在意的是，目前如何才能保留住本民族母语的问题。值得一提的是，被访者能够自我意识到本民族母语失落的根由。在问及"您觉得，您的母语传承已出现严重危机的症结在哪里？（可多选）"时，回答比例最高的首推"没有语言教学环境，就自动放弃母语的做法"，占40.68%；其次的回答为"子女说汉语，家长顺着说汉语的家庭习惯"，占38.98%；再次的回答是对"语言的民族性意识以及民族语言觉悟不高"，占22.60%；其他依次为"由于学有所得、学有所用的思想，蒙古语荒疏了"（9.60%）、"母语学不学都无所谓的思想"（8.47%）和"说不清"（5.65%）。也就是说，被访者都认为母语传承出现危机的症结在于他们自己，在于他们重视母语的觉悟不高和自动放弃的做法。所以这几年来，新疆蒙古族各界所关注和关心的是如何继承和发扬本民族文化以及如何维持来之不易的新疆蒙古族文化教育事业等关系民族未来发展前程的问题。

（二）民族意识的增强

支持"双语"教学制度　之前已经谈及新疆大城市中的许多蒙古人精通双语或者更多的语言，但让他们的孩子们也和自己的父辈一样既懂母语又兼通几种语不是那么容易做到的。因为在大城市没有母语学校，再加上受整个大环境（汉语）的影响以及做父母的不能严格捍卫母语所仅有的或最后的堡垒——家庭母语环境，许多孩子们自幼就成了单语者（汉语）。虽然有极个别家长强求子女学母语，但没有得到多少提高，往往停留在生活语言和家庭层面。此次对乌鲁木齐市蒙古族同胞所进行调查的分析结果表明，不少被访者表现出了深深的"母语情结"，并对其子女接受"双语"教育抱有新的期待。当笔者问及被访者对自治区全面推行的"双语"教学制度持什么态度时，被访者中持支持态度者是所有被访者中最多的。回答支持的高达79.66%，其中"非常支持"者为16.95%，"支持"的为62.71%；回答反对的为10.73%，其余9.61%的人表示"无所谓"。

当问及被访者"在乌鲁木齐市您的子女无法接受'双语'教学，对此您有什么看法？"时，43.50%的人表示"非常惋惜，民族文化将被淡忘"，

22.60%的人认为"缺失'双语'教学，就更谈不上传承母语的问题"，二者相加，共计66.10%，说明绝大多数被访者认为"双语"教学缺失不得，尤其对于大城市中的人口极少的少数民族来说，它是保留民族意识、语言、文化的根本途径；其次25.99%的被访者表示"无可奈何"；其余的回答是"无所谓""说不清"，分别占2.82%、5.09%。问卷调查的另一个问题是："如果有关组织举办周末母语学习班，您愿不愿意送子女学习母语?"对此被访者回答最多的是"愿意"，占72.31%，其中"非常愿意"的为44.63%，"愿意"的为27.68%，可以看出，绝大多数人们让子女学习母语的愿望十分强烈；其次的回答为"愿意，但看孩子愿不愿意"，占26%，即倾向于"愿意"这一说法且程度很弱；最后一个回答为"不愿意"，仅占1.69%。

期望民族语言文化得到保护 乌鲁木齐蒙古族同胞对目前新疆蒙古族语言文化的现状持悲观态度，做好民族语言文化工作任重而道远。问卷调查中，在对目前新疆蒙古族语言与文化的现状进行评价时，选择"逐渐衰退"者为46.89%，"停滞不前"者为25.99%，二者相加，认为停滞、衰退者占72.88%；选择"濒临消亡"和表示"不清楚"的分别为10.17%和9.60%；而选择"日益发展"的仅占7.34%。当被访者问及"在未来的年代里，您最担心的事是什么?"（最多选三项）时，最突出的主要为三个问题：回答比例最高的首推"语言文化淡忘"，占55.93%，其次为"子女就业"，占50.28%，再次为"子女与其他民族通婚"，占24.86%，可见，这里被访者看似担心其子女与其他民族通婚，实则是对民族语言文化被淡忘甚至同化的忧虑；其余的回答依次为"物价上涨"（17.51%）、"医疗费用上涨"（14.69%）、"失业"（12.43%）、"教育费用上涨"（10.73%）和"没有什么担心的"（0.56%）。

也许正因为如此，人们都积极投入民族语言文化何去何从等问题的思考之中，并由此而有了新的动机和期待。在问及"您认为目前新疆蒙古族的语言文化需要保护吗?"时，回答比例最高的首推"需要"，占95.48%，选择"不需要，任其自然发展"的占2.82%，表示"不知道"的占1.69%。可见，如此高的比例显示出被访者对本民族语言文化的重视和深深的期待。当被访者被问及"您认为保护新疆蒙古族语言文化如何做才最有效?"(可选多项)时,被访者的回答涉及面广且有内在的相关性。他们的回答依次为:选择"加强和丰富目前的蒙古语广播、电视节目"的占64.97%,"加强'双语'教育中的母语教育"的占64.41%,"家庭及民族内部尽量以母语进行交谈"的占60.45%,"自治州和自治县应当采取一些保护措施,包括出台相关的奖励机制"的占50.85%,"在蒙古自治州及自治县政府工作中普遍使用蒙古语文"的占49.15%,"加强与内蒙古地区的文化交流"的占41.81%,表示"多出蒙古文图书"的占26.55%。由此可见,对新疆蒙古族语言文化的保护及发展工作仍然任重而道远。

(三) 对时事政治及相关政策的关注度

问卷调查中的一个问题是:您是否关注时事政治?调查结果表明(因有6人未填该项,实际填报者171人,存在缺失值),只有1.13%的被访者表示"从未关注",62.15%的被访者表示"经常关注",33.33%的人表示"偶尔关注"。对这个比例从不同职业群体考察,62.15%的被访者是一些新闻界、公务员、出版界、教育界、学术界等职业群体的人员,他们的关注度之所以高可能是由其工作性质决定的。而表示"偶尔关注"的33.33%的被访者均为医务人员、工程师、技术工人和企业职工等职业群体。在问及被访者关注时事政治的目的时,回答比例最高的首推"关注社会现象",占80.23%,其次的回答为"把握政治形势",占16.38%,其余3.39%的被访者选择了"其他"(未注明)。可见,被访者对时事政治的关注度较高,表现出较强的关心国内外时事政治的兴趣。

人们,特别是少数民族在关注日新月异的现代社会的同时,也越来越关注自身传统文化的保护与发展。尤其是数量较少民族语言文字的保护和发展,更是受到少数民族同胞们的关注。当问及被访者"您对国家在保护少数民族语言方面采取的措施了解多少?"时,"很了解"者为16.38%,"了解"者为63.28%,了解的合计为79.66%;表示"不了解"的为19.77%。可见,近八成的被访者是了解情况的。被访者对国家在保护少数民族语言方面规定的法律执行状况的满意度一般，少数民族语言文字的保护和发展任重道远。在对保护少数民族语言方面规定的法律的执行状况进行评价（复选）时，仅有3.39%的被访者认为"很好"，48.59%的认为"一般"，即倾向于不满意这一说法，而作出不满意的回答者倒占了53.67%，他们的理由是：认为政府"对法律措施认识肤浅或重视程度不够"（9.04%），认为"执行力度不够"（20.90%），也有的认为"政府方面的投入不够"（23.73%）；以上情况以外，还有10.17%的被访者表示"不知道"。由此可以看到，绝大多数被访者关注着本民族语言文字的保护和发展问题，并对其现状表示了不满。

七 结论和政策建议

通过对在乌鲁木齐的蒙古族群体的一次问卷调查，我们可以得知，这些群体与这座城市中的其他民族相处融洽、相互合作、共同发展，为这座城市的现代化、多样化的进程贡献着自己的力量。他们中的绝大多数目前的家庭生活水平，就像他们自己所回答的那样，和乌鲁木齐的其他民族家庭一样处在"差不多的平均水平"。而且他们对目前自身的生活水平也基本满意，对未来生活的进一步改善持乐观态度。尤其值得一提的是，他们中的许多人从事着蒙古族文化教育、新闻、出版等工作，肩负着民族文化教育事业的重任，是新疆蒙古族文化教育事业繁荣发展的重要支撑者。因此，他们对自己目前工作的满意度也较高。然而，调查表明，他们个人目前工作的满意度并未带来对等的未来发展预期。正如调查结果所显示的，他们为未来蒙古语授课的学校生源锐减而忧虑，为蒙古语报刊、图书的发行量严重缩小而忧虑，为如何继承和发扬本民族文化以及如何维持来之不易的文化教育事业而忧虑。他们将这一切归因于两个方面，既有本民族自身的问题，也有客观"制度"的问题。撇开民族自身的问题不说，此次问卷调查显示，双语教学在被访者中普遍得到认可和支持，其支持率高达79.66%，但他们普遍反映，他们要认可和支持的是真正意义上的名副其实的双语教学制度，而不是双语教学推广后的目前的结果——以汉语授课为主、加授蒙古语文课，致使各地州大量的蒙古语授课教师"超编"，面临下岗、内退（其实许多蒙古语授课教师已内退）的情景。人们常说"振兴民族的希望在于教育，振兴教育的希望在于教师"，那些蒙古族教师不再教书，甚至纷纷"下岗"、内退，那么新疆蒙古族教育、文化事业乃至民族凭借什么生存、延续和发展呢？

自治区各地"双语"教学的实施，竟被实施者以生存、适应、就业为由（其实现实生活也是这样逼迫）强调汉语言的强势地位，在其指引下，蒙古语作为弱势语言中的弱势语言，其许多科目（数、理、化、生物等）已改用汉语授课。这样，所谓的"双语教学"在有些学校正在演变成纯汉语教学。在这种教学制度安排下的蒙古语要当多久的弱势语言？当蒙古语授课教师都放弃在教学上使用蒙古语授课，将对新疆蒙古族语言和传统文化的前途产生怎样的影响？此次调查结果显示，许多被访者对目前的双语教学制度颇有微词，对目前新疆蒙古族语言文化的现状持悲观态度，并有95.48%的被访者有了新的动机和期待——新疆蒙古族的语言文化需要得到保护。尤其值得一提的是，如何维持和发展来之不易的新疆蒙古族文化教育事业的问题已进入许多有识之士的思考之中。因此，从理论和实践上对这些问题进行研究，提出解决的方案具有现实的重大意义。据此，笔者提出以下政策建议。

（1）众所周知，民族语言文字是民族文化的重要载体和核心资源，也是民族自治机关行使自治权的重要工具。新疆维吾尔自治区内的蒙古自治州和自治县自治机关要切实珍重和尊重民族自治机关赖以成立的这一特殊属性，要坚决贯彻执行党和国家的民族语文政策，确保蒙古语言文字的合法地位和尊严，保护和培养蒙古族文化机构赖以生存的社会基础，在召开大型重要会议时（尤其具有民族特色活动或会议上主体民族占一定比例时），应当使用蒙汉两种语言文字，切实消除"自治机关"的"自治"在蒙古族人民的心目中受损的形象，重新恢复"自治机关"的本质属性。

（2）为了使新疆蒙古族语言文字的保护和发展步入科学和法制轨道，

建议成立新疆蒙古族语言文化保护与发展委员会，由自治区教育部门，蒙古族自治州、县，蒙古族教育界和文化界人士参与，深入研究当前新疆蒙古族教育、语言文字和文化所面临的问题，为新疆的蒙古自治州、县的自治机关提供决策咨询，终极目标是尽快出台保护和发展蒙古语言文字和文化工作方方面面的包括奖励机制在内的条理和实施细则，让主体蒙古民族的语言文化能够在体制的、法律的框架内得以重视，以确保新疆蒙古族语言文化的传承。

（3）国家充分尊重并保障民族自治地方办教育的自主权，民族自治地方也应充分行使办教育的自主权，重视少数民族语言文字的教学。新疆各地蒙汉合校或蒙古族学校现行的双语教学正向纯汉语教学发展。这越来越为人们所关注，各种说法和议论很多，许多蒙古族同胞和有识之士为新疆的蒙古语教学深感忧虑。由于对双语教学成效缺少客观的评价尺度，有的盲目乐观，也有的悲观失望。因此，构拟出一套系统合理的双语教育模式是十分必要的，当然，实施绝对意义上的双语教学是不现实的，尤其是在少数民族语言文字教学相对落后的情况下。但这种情况应当引起重视并采取有效措施加以解决，努力做到民族语和国家通用语并行的"双语教育"。新疆的蒙古自治州、县自治机关从实际出发，积极创造用蒙古语文授课条件，制定特殊政策，拓宽蒙古族学生升学和就业的出路，如国家机关、人民团体和企事业单位录用、选拔国家公务员和聘用工作人员及晋升专业技术职务时，在同等条件下优先考虑和优先录用蒙汉兼通人员等。这样才能真正体现双语教学中蒙语的"含金量"，激发起教育者和被教育者的激情。

（4）乌鲁木齐是新疆维吾尔自治区的首府，是新疆各民族代表人物和各类人才荟萃之地。这里的大批少数民族知识分子文化素质较高，社会联系广，在本民族、本地区有一定的影响力。他们是这座城市民族团结的典范，是他们的积极配合和身体力行，使这座城市各民族得以互相帮助、互相学习，关系日益密切，逐步巩固了平等、团结、互助的新型的社会主义民族关系，并以榜样的力量和示范的作用激励和鼓舞着全疆各族人民，促进精神文明和现代化建设。但随着时间的推移，这种局面正在发生着某种微妙的变化，即随着改革开放的深化、社会主义市场经济的发展和西部大开发战略的实施，尤其是市场竞争和效率机制的进一步强化，虽然各民族的根本利益一致，但具体的经济效益和利益格局的整合、重组，使一些人口较少的少数民族文化机构的生存和发展受到了冲击，致使各民族间的交往从以往的重情意进入了谨小慎微或更为务实的现实中。民族意识在有意或无意中得到增强，并对本民族的发展及荣辱问题更加关心，更加注意对各项合法权益的维护，对民族政策的落实要求也有提高，更加迫切地要求加快本民族的发展。建议自治区党委、政府及有关部门应对包括蒙古族在内的人口较少的自治区级少数民族文化机构和设施建设进行专门规划，在深入调查研究的基础上，制定人口较少的自治区级少数民族文化机构和设施建设的长远规划，据此争取国家对自治区少数民族文化机构和设施建设更具有针对性的政策支持，从而用足用好国家对少数民族文化机构和设施建设的投入政策，建设好和谐、安定、富足以及给新疆各族人民带来和谐和智力支撑的首府——乌鲁木齐。

（5）乌鲁木齐地区蒙古族群众的子女无法接受母语教育是由诸多主客观因素所致。但近几年来，他们对母语有了新的认识，即对双语教学也有新的期待。此次调查显示，有66.10%被访者认为"双语"教学缺失不得，尤其是对大城市中的人口极少的少数民族来说，它是保留民族意识、语言、文化的根本途径。不过，据了解，在乌鲁木齐实施蒙古族双语教学困难重重。相比之下，组织举办周末母语学习班是比较现实和可行的。为此所进行的调查也显示，有72.31%的被访者表示愿意送子女进母语学习班，其余的被访者表示"愿意，但看孩子愿不愿意"，可以看出，绝大多数人让子女学习母语的愿望十分强烈。建议自治区民委、语委要敢于正视和接受乌鲁木齐地区蒙古族群众的这种正当诉求，承担起国家相关民族政策执行主体的责任，在深入调查研究和听取家长们的意见及建议的基础上，帮助其建立母语学习班，积极创造授课条件，尽可能为他们解决交通等方面的实际困难。

（6）本次调查中，笔者也注意到许多被访者希望新疆蒙古族能够加强与内蒙古地区的文化交流。早些时候，内蒙古的蒙古文图书报刊在新疆蒙古族读者中很受欢迎，当时在自治区新华书店和两州一县的新华书店均专门开辟有蒙古文图书专架，方便了读者的购买。后来，由于以上提到的种种因素，蒙古文图书的数量和品种逐年减少，最终导致蒙古文图书撤架。最近几年来，内蒙古电视台蒙古语频道文艺节目，特别是精彩的春节文艺晚会和丰富华丽的蒙古族服饰文化节目以及优美动听的蒙古语歌曲，唤醒了新疆蒙古族同胞们的保护民族文化传统、珍惜本民族语言文字的意识，成为当今新疆蒙古族特别是生活在城市里的蒙古族同胞们热衷的话题。这是一个可以顺水推舟、因势利导的好现象，是我们做好保护、传承、发展蒙古族语言文化工作的有利条件，是实施以上几点措施的有益补充。所以，同一民族跨地区交流甚至跨国交流和合作，对一个民族语言文化的发展具有重要意义。建议自治区对新疆和内蒙古两地蒙古族同胞的交流和合作提供方便与帮助，尽快建立地区之间的交流与合作渠道，交流方式可以是官方组织的，也可以是民间组织的，交流内容则以文艺演出和学术讲座层面为主，同时也涉及师资培养、文学艺术、图书出版等许多方面。通过这种交流活动有力地推动、深化两地蒙古族同胞文化的交融，积极地体现"以人为本"的理念，增进民族情谊，同时也加深两地各民族对彼此区情、民风的认识，达到宣传和共赢的效果，有利于各民族相互促进、协调发展。

---○ 第六章 ○---

昭苏县蒙古民族乡调查问卷分析

一 农牧民生活、生产状况

（一）昭苏县及两个蒙古族乡村基本情况

1. 县基本情况

昭苏县位于伊犁哈萨克自治州西南部，东与特克斯县接壤，南与阿克苏地区的拜城县、温宿县隔山相望，西与哈萨克斯坦交界，北与察布查尔县毗邻。地势海拔 1800 米以上，由于三面高山环抱，形成了一个较为独特的高位山间盆地。在其西部有一狭口，使水气深入盆地，因此降水更为丰富，年降水量为 517.6 毫米。因地势高寒，无霜期仅 88～142 天，其特点是冬长夏短，没有明显的四季之分，最暖月温度平均仅14℃～18℃，适宜于小麦、春油菜、大麦、薯类、亚麻、胡麻、大蒜等作物的生长，一年一熟。这里的山区草场优质，最宜牧养牲畜。昭苏县是伊犁州唯一的四类地区，有国家一级口岸——木扎尔特口岸，2001 年被国务院列为对外开放县。县下辖 9 乡（包括 3 个民族乡）1 镇。境内驻有兵团农四师 74、75、76、77团，伊犁州昭苏种马场，伊犁州昭苏军马场，天西林业局昭苏林场等单位。有哈萨克族、汉族、维吾尔族、蒙古族、柯尔克孜族、回族、塔塔尔族、乌孜别克族、锡伯族、俄罗斯族、塔吉克族等 21 个民族，据 2008 年《新疆统计年鉴》，昭苏县总人口为 16.95 万（含兵团），其中哈萨克族、汉族、维吾尔族、蒙古族人口最多，分别占总人口的 47.49%、28.78%、9.59%、7.86%（13334 人），是一个以牧为主、农牧结合的少数民族边境县。昭苏县的蒙古族主要分布在胡松图哈尔逊蒙古民族乡、察汗乌苏蒙古民族乡、昭苏镇、昭苏种马场、昭苏军马场等区域。

2. 两个乡村基本情况

胡松图哈尔逊蒙古民族乡位于昭苏县城西南部，距县城 91 千米，南部以天山主峰为界，与南疆温宿县隔山相望，北邻特克斯河，与哈萨克斯坦国隔河相邻，东与夏特柯尔克孜族乡毗邻，并以该乡为界与察汗乌苏蒙古民族乡隔乡相望，相距 34 千米，西部与哈萨克斯坦国的纳林果勒河、阿拉阿依格尔山口接壤，全乡边境线长达 43 千米，是我国与哈萨克斯坦国境线上的一个农牧业边境民族乡。全乡有 8 个行政村（6 个农业村和 2 个牧业村），该乡人口 9136 人，由蒙古、哈萨克、汉、回、维吾尔、塔塔尔、俄罗斯、柯尔克孜及乌孜别克等 8 个民族组成。其中蒙古族人口占 19.43%，406 户，1775 人，他们相对集中聚居的在农业二村（托森托里盖村）、农业三村（哈尔逊村）和农业四村（欧伦勃日格村）。农业二村的基本情况是：全村耕地面积为 7229 亩，人口为 964 人，人均耕地面积 7.5 亩地，2007 年农牧民人均收入 2600 元（2007 年，全乡农牧民人均收入为 3892 元），贫困户 35 户。农业三村耕地面积为 7079 亩，人口 942 人，人均耕地 7.5 亩，农牧民人均收入 2950 元，有 31 个贫困户。农业四村的耕地面积是 7987 亩地，人口为 1022 人，人均耕地 7.8 亩地，农牧民人均收入 2300 元，贫困户有 145 户。

察汗乌苏蒙古民族乡位于昭苏县西南 57 千米处，东与喀拉苏乡毗邻，南以天山主脉为界，西与夏特柯尔克孜族乡相邻，并以该乡为界与胡松图哈尔逊蒙古民族乡隔乡相望，相距 34 千米，北以特克斯河为界与农四师隔河相望。下辖 5 个农业村、2 个牧业村，拥有草场 27.54 万亩，耕地 6.278 万亩，是一个以牧业为主、农业为辅的牧业乡，主要农作物有小麦、大麦、油菜子、胡麻、马铃薯等。全乡有 13 个民族，总人口 10217 人，其中哈萨克族 5086 人，占人口总数的 49.8%；汉族 2003 人，占 19.6%；蒙古族

1286 人，占 12.6%；维吾尔族 818 人，占 8%；其他民族 1024 人，占人口总数的 10%。察汗乌苏蒙古民族乡的蒙古族绝大部分集中在达力图村。该村由蒙、汉两个民族组成，全村人口为 245 户 1364 人，其中蒙古族有 222 户 1224 人，占全村人口的 89.74%；汉族为 23 户 140 人。该村是以种植业为主，农区畜牧业育肥等多种形式为辅的农业村，全村耕地面积 8115 亩，人均耕地面积为 5.95%。2007 年该村农牧民人均收入为 2885 元。

鉴于以上两个乡村农牧结合的生产方式、人均收入水平的基本接近，本次调查将对这两个乡村分别所做的调查问卷归并成一个调查对象，即把这两个乡村的农牧民作为一个整体，加以考察。下面就是对这两个乡村所做的调查问卷的分析。

3. 被访者的基本情况

在 219 个有效样本中，农牧民以男性为主，占总有效样本的 70.32%，女性占 29.68%。年龄结构分布较为均匀：15 ~ 29 岁的占 12.79%，30 ~ 49 岁的占 59.36%，50 ~ 59 岁的占 21%，60 岁以上的占 6.85%，整个样本基本上涵盖了青年、中年、老年等各个人群。文化程度结构也有特点，小学文化程度的占 12.33%，初中占 41.10%，高中占 30.59%，大专以上占 14.61%。以上被访者的这些特征比较有利于提高本次调查的客观真实性。

（二）生活状况

1. 家庭收入

本次 219 户被访农村居民共有家庭成员 893 人，被访人家庭的平均规模 4.5 人，众数为 4 人。家庭收入主要来源于种植业和养畜业，也就是说，粮食、经济作物收入和卖牲畜收入分别占去了较高的比例，在问及家庭收入的来源时（可选多项），70.32% 的被访者回答的是粮食和经济作物（油菜）收入，37.90% 的被访者为卖牲畜收入，其他的依次为打工收入、卖牛奶收入、生意收入、经济作物收入、蔬菜收入等，分别占 20.09%、11.42%、9.13%、7.31%、2.28%。显而易见，这里的蒙古族农牧民以种植业为主，农区畜牧业育肥等多种形式为辅的生产模式已基本形成。2007 年，家庭总收入在 4999 元以下的有 17 户，占 7.76%；5000～9999 元有 25 户，占 11.42%；10000～14999 元的有 34 户，占 15.53%；15000～19999 元有 26 户，占 11.87%；20000～24999 元的有 37 户，占 16.89%；25000～29999 元的有 16 户，占 7.31%；有 30000 元以上的有 45 户，占 20.55%。将家庭总收入从来源上再分类的比例情况看，农户的粮食和经济作物收入仍占有很大比例，即占了 76.26%，卖牲畜收入占 42.01%，打工收入占 31.05%，生意收入占 10.50%，卖牛奶收入占 10.05%，蔬菜收入占 3.20%，其他收入占 7.76%。从以上情况可以看出，农牧结合初见成效，尤其是农牧民从游牧经济观念的圈子内突破出来，改变传统单一的游牧生产方式、调整生产结构、拓宽增收渠道的趋势明显增加。

2. 家庭支出

农牧民生产、生活的支出这一项，由于问卷被访者的大部分未能提供这方面的信息，使其细化分析遇到了困难。就这一项被访者填答的有效样本量为 93 份，这就影响到数据的客观性和结果的正确性。但为了参考起见，将这 93 个样本单独汇总为一份数据，仅供参考（见表 6 - 1）。

表 6 - 1 农牧民的生产、消费家庭支出

单位：元,%

	生产支出	衣、食、住、行、通信	教育支出	医疗支出	人情往来	其他支出
1000 元以下	4.26	7.45	51.06	56.38	34.04	1.06
1001～2000	6.38	13.83	6.38	17.02	19.15	3.19
2001～3000	10.64	12.77	5.32	10.64	8.51	1.06
3001～4000	8.51	13.83	2.13	2.13	3.19	0.00
4001～5000	13.83	14.89	7.45	6.38	7.45	1.06
5001～8000	18.09	11.70	7.45	2.13	3.19	0.00
8001～10000	18.09	13.83	3.19	1.06	3.19	0.00
10001～12000	0.00	2.13	0.00	0.00	0.00	0.00
12001～15000	2.13	3.19	1.06	0.00	1.06	0.00
15001～18000	1.06	0.00	1.06	0.00	0.00	0.00
18001～20000	3.19	3.19	1.06	2.13	0.00	0.00
20001～25000	0.00	1.06	0.00	0.00	0.00	0.00
25001～30000	1.06	1.06	0.00	0.00	0.00	0.00
大于30000	3.19	1.06	2.13	0.00	0.00	0.00

从以上数据看，被访者的衣、食、住、行及通信支出所占的比例也不小，这大概是随着农牧民人均收入的增长（2006 年，达力图村人均收入为 2625 元，比上年增长 9.90%，2007 年的人均收入是 2885 元，比上年也增长 9.90%），他们生活消费的支出也同步增长。这一点，我们从农牧民的手机和固定电话拥有量以及通信消费上略见一斑。据从当地移动营业部获得的统计，胡松图哈尔逊蒙古民族乡的蒙古族总人数为 1775 人，总户数为 406 户，其中家里有固定电话用户为 258 户、移动用户为 590 人、联通用户为 332 人。由此可见，拥有固定电话的农户已占总户数的 63.55%，拥有手机的农牧民占总人数的 51.94%，他们的通信消费月平均金额为固定电话费 20 元，手机费 25 元。

3. 居住条件

对胡松图哈尔逊蒙古民族乡的蒙古族农户的调查显示，该乡的蒙古族农户于 1984 年前，居住房屋是土木结构的，无自来水，部分村庄也未通电。至 2008 年时，全乡 406 户蒙古族农户中有 47.04%（191 户）的农户住上了砖木结构房子，3.69%（15 户）的农户住上了砖混结构的房子，自来水入户率达到 80.30%（326 户），村村通电，定居牧民大部分拥有太阳能电源，广播覆盖率 100%，电视覆盖率 70%，有线电视入户率达 19.21%（78 户）。至于察汗乌苏蒙古民族乡的达力图村村民的居住条件，笔者未能进行调查，但村委会提供的数据是：2008 年该村新建抗震安居房 40 座。而对以上两乡蒙古族农户所做的问卷调查结果是，有 57.53% 的被访者的居住房屋是砖木房结构的，15.07% 的被访者的房屋为砖混结构，12.79% 的被访者的房屋是土打墙房，有 10.05% 的被访者房屋为土坯房。由此可见，绝大多数被访农牧民的居住条件有着明显的改善。目前这两个乡的大部分蒙古族村民已经在自家院落里种植了土豆等作物，基本上实现了农民自家村落干净、整洁。

4. 对乡村基础设施的满意度

在回答"您对自己居住所在地的基础设施（路、水、电等）满意吗？"这个问题时，大多数受访者给出了肯定的回答。回答"非常满意""满意"

和"基本满意"的分别占 5.48%、57.99% 和 21.41%，满意的合计为 84.88%；表示"不满意"的为 12.33%。

5. 主要耐用消费品拥有情况

电视机、电冰箱等日常耐用品在农牧民家里已基本趋于饱和。当问及"您家里有哪些电器？（可选多项）"时，绝大部分被访者表示拥有"电视机、洗衣机、收音机或收录机、电冰箱、热水器、照相机、电脑"等，分别占 90.87%、70.78%、63.01%、33.33%、21.46%、12.79% 和 9.13%。而只有 1.83% 的被访者表示"以上都没有"。可以看出，农牧民的消费需求由过去的单一转化到注重多元化和享受性，消费结构变化加快。

6. 农民家境的自我评价

当问及受访者的家庭经济状况时，有 36.43% 的被访者表示"衣食丰足"，有 25.11% 的被访者表示"衣食无虞"，10.05% 的被访者认为"家境富足"，三者相加，衣食无虞者占到受访者总数的 71.59%；其余的分别表示"家境贫穷""负债累累""贫病交迫""生计无着"等，分别占 10.79%、8.28%、8.13%、2.11%。在问及"您对目前自己的居住条件满意吗？"时，选择"满意"和"很满意"的分别占 38.36% 和 5.02%，二者合计占到受访者总人数的 43.38%；41.10% 的受访者选择了"一般"；另有 9.13%、0.91% 和 1.37% 的受访者选择了"不满意""很不满意"和"说不清"。受访者对近 10 年来自身生产、生活状态的满意度居中，有 37.44% 的受访者表示"满意"，2.74% 的表示"很满意"，二者相加，满意者占 40.18%；表示"一般"的占 46.12%；表示"不满意""很不满意"和"说不清"的分别占 5.94%、3.20%、1.37%。受访者对自身生活的纵向比较也给出了自己合理的评价。当问及"与过去 10 年相比，您觉得目前的生活怎样？"时，表示"很好"的占 8.22%，表示"好"的占 66.21%，二者合计占到了受访者总人数的 74.43%；认为"没有变化"的占 18.72%，认为"变差了"的占 3.65%，还有 1.37% 的受访者表示"说不清"。在横向比较中横向差异也显现了出来。在问及"与您所在村的其他民族家庭相比，您家的收入是高是低还是一般的水平？"时，65.75% 的被访者在收入横向比较中对自身收入的评价一般，8.22% 的受访者认为自身收入高，22.83% 认为自身收入低，还有 1.83% 的受访者表示"不知道"。通过以上观察分析，可以看到绝大多数受访者对近 10 年来的自身家境——收入、居住、生活水平感到满意或较满意，但也有一定比例的被访者对自身家境的满意度一般或表示不满。可见，提高农牧民收入、居住、生活质量的工作仍然任重而道远。

（三）生产经营状况

从总体上看，这里的农牧民由注重畜牧转化到注重农牧相结合，兼搞其他副业的发展模式迈进。当问及"在您所在地哪种生产经营方式是您认为快速致富的捷径？（最多选两项）"时，选择"农牧结合"的为 50.68%，选择"农业"和"做生意"的分别占了 34.70% 和 15.53%，另有 13.70%、7.31% 和 0.91% 的受访者分别选择了"常规牧业""打工"和"其他（请注明）"。由此可见，以农为主者的比例不小，但农牧结合是个大趋势、大方向，是由当地的地势高寒、没有明显的四季之分、无霜期仅 88～142 天等自然地理条件所决定的。这里村民一般都有牲畜，以察汗乌苏蒙古民族乡的达力图村为例，每户一般有 10～20 只羊、5～10 头牛、2～5 匹马，耕种面积在 30～50 亩。他们都以种植为主、牲畜育肥为辅，这种务农模式效益明显，且他们的家境也明显好于无畜户。

但这里的农户农机化程度很低，仅以达力图村为例，该村就有一个所谓的农机大户，其农机为拖拉机、播种机、犁铧、联合整地机等。农机小户约有 40 户，农机仅为拖拉机。虽然这样，农户还是享受到了现代农机带来的文明成果。他们犁地、播种、收割等全部费用以每亩 40 元（2007 年的价格）的价格租赁外地或邻近县的农业机械。在胡松图哈尔逊蒙古民族乡的两家家境中等农户两块田地里两种经营的收获情况是：一家是有 4 口人的油菜种植户，种了 24 亩油菜，其每亩种植经营投入为 250 元（即种子 20 元、化肥 124 元、播种 35 元、水费 16 元、营养药 30 元、收割费 25 元），24 亩的总投入为 6000 元。每亩油菜产量平均 200 公斤，总共产量 4800 公斤，按当年（2007年）每公斤菜子价格4元计算，总收入为19200元，扣除6000元的生产投入，纯收入是13200元，最终的人均收入为3300元。另一家也是有4口人的小麦种植户，种植有24亩小麦，其每亩种植经营投入资金是300元（即种子80元、化肥124元、播种35元、水费16元、营养药25元、收割费20元），24亩小麦的总投入为7200元。每亩小麦产量平均300公斤，总产量7200公斤，按当年每公斤小麦价格2.50元计算（其中包含了良种补贴和农资综合补贴每亩94元以及每公斤0.20元的粮食直补），总收入为18000元，扣除7200元的生产投入后，纯收入是10800元，最终的人均收入为2700元。

不过与汉族种田能手相比，蒙古族农户的种田收益不如前者。同样一亩地，蒙古族农户油菜产出200公斤，小麦250~300公斤，而汉族农户的产出则达300~450公斤。其根本原因在于经营管理和投入上的区别。汉族农户舍得购买优质农药、化肥（笔者曾走访的汉族农户所用的化肥原产地为美国的磷酸二铵、绵羊出产的毕克草等）施到田里去，并勤于防治病虫、打药、锄草等劳动和精心的田间管理工作，蒙古族农户则很难做到。而且有些农户特别是胡松图哈尔逊蒙古民族乡的农业二、三、四村有40%蒙古族农户是靠出租耕地过日子，以察汗乌苏蒙古民族乡的达力图村为例，该村共有32个贫困户，其中有20户把耕地租给了汉族农户，每亩地的租金按土壤肥沃程度分为三个档次，一等为400元、二等为380元、三等为200元。把耕地租出去后，这些农户一般在县城或在外地打工。

最近几年来，无论是在察汗乌苏蒙古民族乡的达力图村还是在胡松图哈尔逊蒙古民族乡的农业二、三、四村，都有蒙古族农户自发地组建了由二三十个人组成的"劳务输出协会"，他们一般由3~5人组成一组，利用农闲时间承包修水渠，盖房子和牲畜圈等活计。有的农户组建了以赢利为目的的奶酒协会（在筹建中——达力图村）。也有一部分青年人（一般为初中、高中文化程度者），他们不愿意种地或养畜，纷纷加入了大城市或县城的打工群体行列。当受访者被问及"您认为您的子女会离开您而另谋出路吗？"这个问题时，有一半多（55.71%）的受访者给出了肯定的回答；只有 17.81% 的受访者认为"不会";而 20.55% 的受访者表示"不知道"。

二 农牧民的认识、问题、满意度和评价

(一) 农户对国家免征农业税和粮食直补的认识

从 2003 年起国家为了提高粮农的种田积极性,相继出台了免征农业税和粮食直补政策,并下发几百亿元资助全国农民。针对这一问题向农民问及"您家享受了免征农业税的政策吗?"时,62.10% 的受访者表示"享受了",25.57% 的受访者表示"没有享受",另有 7.31% 的人表示"不知道"。也就是说,合计有 32.88% 的人"没有享受"免征农业税政策,好像农牧民对这一优惠政策了解不多似的。这一方面反映了有关政策的贯彻、落实不够彻底,另一方面显示出基层对相关政策的宣传工作不够,农牧民对相关政策的认知率很低。当问及"免征农业税和粮食直补对您的生活有明显改善吗?"时,表示"很明显"的占 33.33%,认为"有,但效果不太明显"者占 39.73%,还有 22.83% 的人表示"还没有看到效果"。如此高比例的受访者不能够给予充分肯定的回答真让人十分纳闷,个中的原因有待做进一步的研究(据后来所了解,达力图村于 2005 年才发放国家粮食直补,而良种补贴和农资综合补贴却到了 2008 年才发放)。

(二) 农牧民的问题和文化娱乐活动

1. 困难和问题

在回答"您在生产经营活动中面临的主要困难是什么?(可选三项)"这个问题时,大多数受访者都提出自己所遇到的困难。其中多数表示"缺少资金"和"缺少技术",分别占 61.64%、47.03%;还有 26.94% 和 20.55% 的受访者分别表示"缺少市场信息"和"投入多,产出少";其余 18.72% 的人表示"农牧结合有困难"。在问及"您认为,当前在农牧区蒙古族社会生活、经济生产中存在的主要问题是什么?(可选多项)"时,选

择"生活质量低下""草场被农垦占用"和"大操大办婚丧喜事"的分别占 40.18%、32.42% 和 27.85%；认为"草场退化""文化生活单调""务农技能差""酗酒风气"和"两极分化"者分别占 24.66%、24.20%、23.74%、17.81% 和 16.44%；另有 11.87%、11.42%、8.68%、8.22%、7.76%、5.02% 和 3.20% 的人分别选择了"人畜饮水有待改进""农牧结合有待改善""懒做农活，安于现状""生产单一""农区基础设施差（水、电、路、等）""农田沙砾严重"和"牧道修筑差"。

农牧民以上提到的生活质量和务农所遇到的问题涉及面广、制约因素很多，可概括为自然因素、历史因素、经济因素和社会因素。至于文化生活，虽然家家户户都有电视机、精神文化生活日益丰富，但农牧民不再满足于单一的、被动的文化消费，他们的文化心态步入了新境界。然而这一地区农村文化的建设与发展存在严重的不平衡，文化设施缺乏，容易滋生新的社会问题。据当地人反映，有一阵子当地大操大办婚丧喜事风、酗酒风和大吃大喝风一刮再刮，屡禁不止，愈演愈烈。好在当地德高望重的人士动员和宣传大众抵制各类落后风气的蔓延。其具体措施首先是规范和制定了村规民约；其次是对传统习俗进行了取舍和改进；再次是对春节期间的礼俗改进简化，提倡大家团拜；最后是每年都组织农牧民举办传统节日活动和一些娱乐型文艺节目，以丰富农牧民的文化娱乐生活。

2. 文化娱乐生活

这里每年都有由乡政府组织的、定期开展的送科技、文化、卫生三下乡活动、移风易俗活动和十星级文明户评比活动。村委会文化活动室都有一定的文化游艺器材，如图书、报刊、乒乓球（达力图村）、摔跤垫（达力图村）、篮球和排球场（均为达力图村，而胡松图哈尔逊乡的三个村中只有一个村有篮球场）等。每年的元旦，村委会组织举办庆元旦文艺演出。在元宵节前夕，村委会还主办蒙古族传统节日迈德尔节。这些活动在一定程度上丰富了农牧民的文化娱乐生活，给村民营造了良好的文化氛围。据说，这里的农牧民由过去的被动接受文化娱乐向主动接受转变，主体意识得以充分展现，他们自主支配闲暇时间、自我选择文化活动项目、群体交往等，甚至由村民及村干部自发地组织起来，成立敖包协会（达力图村）、赛马协会（达力图村）、祖拉节协会（胡松图哈尔逊乡），并组织举办蒙古族传统的敖包节。敖包节的内容为先举行敖包祭祀仪式，接着进行赛马、摔跤、拔河等竞技比赛及歌舞表演。

（三）对乡政府的满意度和期待

当受访者被问及乡政府给他们提供何种服务时，39.27%的受访者认为"提供信息"，26.03%的受访者认为"提供技术"，有18.72%的受访者表示"提供生产资料"，还有17.35%和8.22%的受访者认为"提供资金帮助"和"提供产后服务"。在问及"您对乡政府为您提供的服务是否满意？"时，认为"非常满意"和"满意"的分别为5.94%和35.62%，表示"一般"者占40.64%，而表示"不满意"的为15.07%。可以看到，受访者对乡政府提供的服务的满意度居中，乡政府的工作尚需改进。当问及"您觉得乡政府在社会生活、生产经济方面应该做什么？"（可选多项）时，选择"应多提供卫生和文化设施""应多提供资金帮助"和"应多提供技术服务"者居多，分别占44.29%、41.10%和39.27%，其余的分别选择了"应多提供信息服务和产后服务""应多提供生产资料""引导农牧民适应市场经济""重视草场改良、牧道修筑"和"改善牧区交通条件"，分别占37.44%、27.40%、19.63%、17.81%和11.81%。生活的健康、生理的健康和物质水平的提升应该同步，多数农牧民选择"卫生和文化设施"就是对这一进程的具体要求，应做好统筹规划，协调发展。农牧民的种田技术和各类专长技术培训工作也应是刻不容缓，除了农牧民自己自发地学习掌握之外，还要依靠乡政府的组织引导和培训。

（四）对本地乡政府和村委会的工作评价方面

政府组织的形象主要是通过社会成员对政府组织的主观评价而体现，社会成员对政府组织"满意不满意，赞成不赞成"是衡量政府工作成效的根本标准。在问及"您认为在市场竞争中能够代表并保护农牧民利益的组织是乡政府还是村委会？"时，选"村委会"的占 40.64%，选"乡政府"的为 37.90%，另有 19.18% 的人表示"不知道"。由此可见，最基层、离村民最近的村委会在农牧民心目中拥有和乡政府旗鼓相当的位置，其至略胜一筹。在回答"乡政府在您的印象中如何？"（可多选）这个问题时，有 39.73% 的受访者认为乡政府"开放意识不强，改革措施不到位"，26.03% 的认为"管理效能低下"，17.81% 的人认为"社会信用度低"，15.07% 的人表示"政策法规不配套"，10.96% 的人表示"司法不公，有法不依"，以上五者相加，不满意者共计 98.64%；认为乡政府的"管理效能改革措施都不错"者占 14.61%，认为"政策法规配套"者为 5.48%，认为"司法公允"者为 3.20%，认为"社会信用度高"者占 2.28%，四者相加，表示满意者共计 25.57%。由此可见，乡政府在农牧民中的印象不佳，其各项工作仍然任重道远。

调查显示，农牧民对村委会工作的关注度较高。在回答"国家制定《村委会组织法》的根本宗旨在于实现村民自治，让农牧民自我管理、自我教育、自我服务，真正实现当家作主，作为村民您是否关注村委会和村民会议？"这个问题时，大多数受访者都给出了肯定的回答。有 61.19% 的受访者表示"关注"，8.68% 的受访者表示"非常关注"，而 24.66% 的受访者表示"不太关注"，另有 4.11% 的受访者表示"根本没有兴趣"。农牧民的如此之高的关注度，也表明他们具有参政议政的意识和愿望。然而当问及受访者"涉及全村村民利益的问题，村委会是否提请村民会议讨论决定？"时，39.73% 的受访者回答"是"，34.70% 的受访者回答"不是"，21% 的受访者表示"说不清"。这反映了村委会的民主管理程度不高，群众参与率居中。在问及受访者"不管大事小事，村委会是否征得村民代表的意见？"时，有 41.10% 的受访者回答"是"，28.31% 的受访者回答"不是"，另有 18.72% 的受访者表示"说不清"。由此可见，村委会的工作有待进一步的改进，争取多数群众的参与，以便发挥农牧民群众的参政议政和监督作用。

三 民族自我审视和对民族乡的看法

(一) 民族自我审视

在回答"真正的游牧民已经或正在迅速消失,他们正在被迫或自愿变成局限在牧场上和农区的农牧民。这一结果对蒙古族农牧民是否有利?"这个问题时,大多数受访者给出了肯定的回答,占受访者总数的65.30%,表示"不利"的受访者占17.81%,其余15.07%的人表示"不知道"。当问及"您认为,您所在地的蒙古族牧民的定居是成功还是失败?"时,有52.05%的受访者表示"到目前为止,还是成功的",44.29%的受访者认为"成功与失败并存",认为"完全失败"者仅占1.83%。可见,农牧民对定居生活持有积极的和肯定的态度,这对巩固和推进已定居农牧民的社会经济的健康发展尤显重要,且意义深远。

通过调查发现,这里的蒙古族农牧民从整体上看,处在"温饱有余、小康不足"的水平。那么,他们在与其他民族的横向比较中又处在怎样的位置?蒙古族农牧民对此给出了他们自己的回答。当问及问卷受访者"与您所在的乡、村里的其他民族相比,您认为蒙古族农牧民的生活水平处在什么位置?"时,有37.90%的受访者认为"和其他民族差不多";20.55%的受访者认为"较好",5.02%的受访者表示"很好",二者相加,认为"较好"的占25.57%,其余的28.31%和6.85%的受访者分别表示"较差"和"很差",另有1.37%的受访者表示"不清楚"。但将这个问题再以性质相同的问题来让受访者回答时,其结果与以上的结果不是对等的。在问及"您认为,本地蒙古族农牧民在本地市场化社会的竞争中处在什么位置?"时,认为"有利位置"的占22.83%,认为"适应的位置"的占20.09%,二者相加,表示有利和适应位置的占42.92%;认为"不利位置""边缘化位置""不适应的位置"和"落伍跟不上的位置"的分别占22.37%、20.09%、8.68%和5.48%,四者相加,认为不利位置的占到了56.62%;

而认为"和其他民族差不多的位置"的却仅占7.31%。由此可见,绝大多数农牧民虽然认为他们生活水平上与其他相邻的民族"差不多",但他们还是给出了自己的另一番回答——在市场化的竞争中还是有差别的,这个差别主要是在生产技能、商业意识等多个方面的竞争能力的差别,这个问题值得做进一步的研究。尽管如此,大多数农牧民对未来持乐观的态度。当问及"您对农牧区经济发展前景是否有信心?"时,表示"很有信心"的占33.79%,表示"较有信心"的占25.11%,二者合计对未来有信心者占到总数的58.90%;而34.25%的受访者表示"有些担忧",另有5.48%的人"不知道"。由此可见,多数农牧民对农牧区未来社会经济的进一步改善满怀希望和信心。

(二)对民族乡的看法

国家有关法律法规规定,民族乡在政治、经济和文化等方面拥有依照法律、法规和国家有关规定,结合本乡的具体情况和民族特点,因地制宜地积极推进政治、经济、文化等各项事业的权利和义务。农牧民特别是民族乡的主体民族对民族乡的关心度、对乡政府的主观评价以及参与和利用民族乡拥有的权利和义务的意向,在一定程度上体现主体民族的需求度和依赖度以及民族乡之权利和义务的实施度。因此,本次调查的侧重点在于了解农牧民对乡政府的评价和满意度。当问到"您觉得,您所在的蒙古民族乡有名有实吗?"时,表示"有名无实"的受访者占42.47%,表示"有名有实"者占36.07%;认为"勉强过得去"的受访者占10.05%,另有7.31%的表示"不清楚"。在回答"蒙古民族乡政府在执行职务的时候,(面向蒙古族群众)是否使用蒙古语言文字?"这个问题时,有55.25%的受访者给出了否定的回答,24.66%的受访者表示"偶尔使用",只有14.61%的人表示"使用",还有3.20%的人表示"不知道"。可以看到,大多数农牧民认为,民族乡并非名副其实,并不那么令人满意。特别是,乡政府(主要是蒙古族干部)跟蒙古族农牧民打交道或执行职务时应当顾全民族乡特有的权利和义务,千万不能将主体民族的语言文字视为可有可无的事情,要捍卫使用和发展本民族语言文字的权利是民族乡之所以为民族乡之职能内应有之题。

当蒙古族农牧民被问及"您对目前蒙古民族乡政府配备的工作人员中蒙古族人数所占的比例满意吗?"时,表示"很满意"者为 7.31%,表示"满意"的为 12.79%,二者相加,表示满意的共计 20.1%;而表示"不满意"的为 43.84%,表示"很不满意"的占 8.68%,二者相加,不满意者共计 52.52%;此外,有一定数量的人表示"一般"或持观望态度,分别占26.48% 和 2.74%。在回答"蒙古民族乡在开发资源、兴办企业时,在招收蒙古族农牧民方面有无合理安排?"这个问题时,有 2/3 多(68.04%)的受访者认为"没有安排",其中认为"没有安排"的占 36.53%,认为"没有合理安排"的占 31.51%;其次是认为"有合理安排"者占 18.26%;还有 12.79% 的受访者表示"说不清"。显而易见,这里利益诉求也成为突出问题。妥善协调利益关系,创建社会公平体系,就成为建设和谐乡村的重要方面。作为民族乡要兼顾主体民族的法定利益,即要运用民族乡拥有的权利和义务来保护和满足主体民族应有的利益诉求。

四　医疗条件、参合情况和健康状况

据两个民族乡的介绍,当地医疗机构得到健全,医疗服务也有较大的提高,农牧民参加农村合作医疗的入保率达到 70% 和 85% 以上。但是,经过对胡松图哈尔逊蒙古民族乡卫生院和察汗乌苏蒙古民族乡卫生院有关医务人员的走访和交谈以及察看所拥有的医疗设备,笔者了解到这样一个事实:这两个乡卫生院医疗技术、设备及服务质量、业务技术水平均不能满足村民的需要。胡松图哈尔逊蒙古民族乡卫生院医务人员及医疗设备情况是:全体职工 15 人,其中医生 5 名、护士 6 名、化验员 1 名、防疫专干 2名、工人 1 名。医生中有 3 名为大专学历,2 名为中专学历。250 平方米面积的卫生院仅有 11 张床位,所谓的医疗设备是听诊器、体温表、血压计、高压锅、氧气瓶、简单的化验设备(用以检验血、尿、便,据称该设

备于 1995 年前购进）和新近购进但还未打开启用的 B 超仪和心电图机
等。由此可见，医疗设备的不健全是乡卫生院医疗服务质量存在问题的主
要方面，察汗乌苏蒙古民族乡卫生院也存在类似的问题，其许多添置的医
疗设备是从 2008 年 6 ~ 11 月底之间购进的。乡卫生院在各村设有村卫生
室（实际上都集中在乡政府所在地的村内），其任务主要是预防接种和输
液。在这种如此不够健全的医疗条件下农牧民又怎么能得到良好的医疗服
务呢？多亏这里的农牧民的健康状况还行，好在他们又是一个没有多少挑
剔和过高要求的"看病人群"，使得这里的医疗机构从创建之日起"完好
如初"地延续至今。

　　不过，在此次问卷调查中农牧民还是表示了自己的看法。当受访者被
问及"您对农牧区医疗条件、服务质量满意吗？"时，表示"很不满意"的
占 4.57%，表示"不满意"的占 35.62%，二者合计，表示不满意者占到受
访者总数的 40.19%；有 38.81% 的受访者表示"一般"；有 16.44% 和
1.83% 的受访者分别回答"满意"和"很满意"；只有 1.37% 的人表示
"说不清"。可见，绝大多数农牧民对农牧区医疗条件和服务质量不是表示
"不满意"就是认为"一般"。在问及"您觉得看病难、看病贵的问题在您
这里还严重吗？"这个问题时，大多数受访者分别给出了"不严重"和"一
般"的回答，分别占 10.50% 和 46.58%；而认为"严重"和"很严重"的
分别占 36.07% 和 5.94%；另有 0.91% 的人表示"不清楚"。从多数农牧民
回答的"不严重"和"一般"的情况来看，农村合作医疗在看病贵的问题
上给农牧民解决了实际问题。据察汗乌苏蒙古民族乡 2007 年新型农牧民合
作医疗工作总结，农民受益情况是："全乡新型农村合作医疗就诊人次 2958
人，占参合人数的 57.86%，其中村级就诊人次 682 人，报销补偿金额
7704.7 元，每个门诊病人平均报销补偿金额 11.5 元，乡级医疗机构门诊就
诊 2232 人次，报销补偿金额 44234.57 元，每个门诊病人平均报销补偿金额
19.81 元，乡级医疗机构住院病人 24 人（含孕妇），补偿医疗费用 15955.24
元，每个住院病人平均报销补偿金额 664.8 元，州级住院病人 20 人，报销
补偿金额 38644.92 元，每个住院病人平均报销补偿金额 1932.24 元，住院

报销补偿封顶 1 人，享受大病二次补偿有 2 人，从数据上反映，基本符合新合医政策规定'小病不出村，大病才出乡'的原则。"

在回答"如果您已经加入农村医疗保险，您对新型农村合作医疗住院报销情况满意吗？"这个问题时，大多数受访者给出了肯定的回答。其中表示"非常满意""满意"和"基本满意"分别占 7.31%、60.27% 和 23.29%；而表示"不满意"的仅占 6.39%。当受访者被问及"您对您的健康状况如何评价？"时，有 7.76% 的人表示"很好"，有 50.68% 的人回答"好"，二者合计占到受访者总数的 58.44%；另有 29.22% 的人表示"一般"；还有 6.85%、2.74% 的人分别回答"差"和"很差"。

在受访者被问及"您在您这里看病方便吗？"时，有 30.14% 的受访者表示"方便"，49.32% 的受访者表示"不方便"，还有 16.89% 的受访者表示"还行"，另有 4.57% 的人表示"牧点离农区医务室很远"。这里有一半多的受访者提到看病"不方便"，这确实是一个实在的现实问题。乡定点医疗机构的审批和协议签订（与个体诊所）虽然是按照"方便农牧民就近就医，严格审批制度，合格一所，签订一所"的原则办理的，给每个村都设立了村医务室，但许多村医务室都不驻村，由于许多村都位于乡政府所在地周围，村医务室（个体诊所）出于经济效益上的考量索性都设在乡政府驻地附近的邮电、银行、供销等机构和人群较集中的地段，并挂有"某某村医务室"的牌子。如此定点医疗机构的布局，当然不会给农牧民提供最佳医疗服务和便利。此次被调查的几个村的村医务室的情形均为这种情况，这些村都位于乡政府驻地周围，最近的距离有 2~3 千米，距离较远的为 4~5 千米。患者为了看病，得来回走十几里的路程，个中的不便和艰辛可想而知。

五 民族交往状况

这里的蒙古族农牧民也和疆内其他地区的蒙古族一样，能够表现出特有的交往能力，其根底就是懂多种语言。他们中的绝大多数人除了母语外，还懂两三个民族的语言。在回答"您除母语外，还会几种语言？"这个问题时，绝大多数受访者给出了懂 2 ~ 3 种语言的回答。懂"汉语、哈萨克语、维吾尔语"等三种语言者占受访者总数的 57.08%，懂两种语言的占受访者总数的 35.16%，其中懂"汉语、哈萨克语"者占 22.83%，懂"汉语、维吾尔语"者为 4.57%，懂"哈萨克语、维吾尔语"者为 7.76%；而懂一种语言者占受访者总数的 7.76%，其中懂"哈萨克语"者为 3.89%，懂"汉语"者为 3.39%，懂"维吾尔语"者为 0.48%。如此众多的人懂几种语言，从理论上讲，他们对这些民族的风俗习惯和宗教信仰或多或少了解一些。当受访者被问及"您对本地其他民族的风俗习惯和宗教信仰及民族心理的了解程度如何？"时，有 12.79% 的受访者表示"非常了解"，38.81%的受访者表示"了解"，二者合计占到受访者总数的 51.6%，还有 35.16%的受访者表示"了解不多"，而表示"不了解"的仅为 7.76%。如此高比例的"了解"程度，可以从一个侧面反映出他们与其他民族交往的深与浅。

在问及"您有没有其他民族朋友？"时，47.49% 的受访者回答"有，很多"，44.29% 的受访者表示"有，但不多"，其余 4.57% 的受访者表示"没有"。这一回答结果与上面（对民族的了解）的情况十分吻合。当受访者被问及"您和其他民族的友好交往是出于（什么目的）"时，表示"互相尊重，和睦相处"的占 39.27%，表示"互相帮助，互相学习"的为 39.27%，表示"结交往来"的为 19.18%，而 2.28% 的受访者表示"互通有无"。在对"您认为，能恰当反映目前您和其他民族（或邻居）关系状况的词汇有哪些？"（可选多项）的回答中，选择"融洽""基本融洽""团结""合作""帮助""理解""交流""信任"和"共同发展"的分别为 32.42%、35.16%、30.14%、27.85%、24.20%、22.83%、21%、20.55%、12.79%；而选择"利益关系冲突""不融洽"和"隔阂"者分别占 10.50%、6.85% 和 2.28%。可以看出，绝大多数蒙古族农牧民与其他兄弟民族的交往关系是在长期的共同生产、生活和共同的发展过程中真正形成团结、交流、信任、协作、协调和谐共同发展的民族关系。这种民族关系在另一个问题的回答中也得到肯定，但不是对等的，也许受访者也有自己的理解和解释方式。在问及"您和其他民族交往的阅历是否让您体会到'汉族离不开少数民族,少数民族离不开汉族,各少数民族之间也相互离不开'这句话所蕴含的意思?"时,有37.90%的受访者表示"体会到",46.58%的受访者表示"体会不深",而11.87%的受访者认为"体会不到",另有2.74%的人表示"不知道"。可见,这里受访者表现出了略有差别的态度,说明他们对这个观点也许有自己的理解和解释方式。

第七章

特克斯县蒙古民族乡调查问卷分析

——呼吉尔特蒙古乡呼吉尔特村的调查问卷分析及
喀拉托海乡蒙古族村民问题

特克斯县位于伊犁河上游特克斯河流域、特克斯－昭苏盆地东段，周围分别与拜城、昭苏、察布查尔、巩留、和静县接壤，全县总面积 8352 平方千米。辖有 1 镇 7 乡，县城是我国唯一建筑完整而又正规的八卦城。有哈萨克、汉、维吾尔、回、柯尔克孜、蒙古、塔塔尔、乌孜别克、锡伯等 20 多个兄弟民族。据 2008 年《新疆统计年鉴》，特克斯县人口数为 163237 人，其中蒙古族占总人口的 2.82%，即为 4610 人。特克斯县的蒙古族历史上自称"沙毕纳尔"。"沙毕纳尔"，蒙古语，意即：喇嘛所辖之众。蒙古族高僧扎雅班第达于明崇祯十一年（1638 年）从西藏习经归来到准噶尔地区后，广泛宣传喇嘛黄教，并担任寺院住持，从朝廷到蒙古王公每年都布施大量牲畜、金钱、土地和属民给他。沙毕纳尔蒙古人就是准噶尔汗及其他蒙古王公贵族布施给扎雅班第达的"牧奴"，而沙毕纳尔人自称是扎雅班第达的"沙毕纳尔"（徒弟）。后来他们被清政府安置在特克斯河下游今特克斯县境内，并被划归厄鲁特营上三旗管理，不久又称四苏木，其任务首先是驻守卡伦，巡察边防，还看守台站，战时则上战场，为防止外敌入侵、保卫祖国的西北边防作出了很大贡献。如今他们的后裔主要分布在该县的呼吉尔特蒙古乡、喀拉托海乡和齐勒乌泽克乡等地。

一　呼吉尔特蒙古乡及呼吉尔特村基本情况

特克斯县呼吉尔特蒙古民族乡在县城以东 4.5 千米。全乡总面积 238 平方千米，其中耕地面积 1.75 万亩，草场面积 27.8 万亩；总人口 6935 人，由蒙古、哈萨克、汉、维吾尔、回、锡伯等 6 个民族组成，其中蒙古族占 50% 以上；全乡已创建自治区级文明单位 1 个（呼吉尔特村），州级文明单位 2 个（乡政府机关、巴合勒克村），县级文明单位 1 个（喀拉萨依村）。现有"十星级文明户"489 户，建成文明小区 3 个，乡文明居民学校 1 所。2007 年，全乡农村经济总收入达到 5538 万元，比上年增长 14%；农牧民人均纯收入达到 3639 元，比上年增加 460 元。在 2007 年度特克斯县绩效综合考评中荣获"优秀乡镇"称号，并在畜牧、农业、林业、水利、建设、文化、卫生等部门考核中获得一系列先进单位荣誉。

呼吉尔特村是呼吉尔特蒙古乡乡政府驻地，全村耕地面积 13000 亩，是全乡耕地面积最大、人口最多的一个村，由蒙古、哈萨克、汉、维吾尔、回、锡伯等多个民族组成，总人口 452 户 2356 人，其中蒙古族占总人口的 69.18%，即 310 户 1630 人。全村有贫困户 69 户，占总户数的 18%。2007 年，农牧民人均纯收入 3685 元。

本次被调查农民以男性为主，占总样本的 80.86%，女性占 19.14%；年龄结构分布是 18~29 岁的占 9.88%，30~49 岁的占 52.47%，50~59 岁的占 24.69%，60 岁以上的占 12.96%；小学文化程度者占 24.69%、初中占 50.62%、高中占 17.28%、大专及以上者占 3.09%。问卷受访者的这些特征比较有利于提高本次调查的客观真实性。

二　调查结果与分析

（一）被调查的农民家庭生活现状及存在的问题

1. 家庭收入

本次被调查的 160 户农村居民共有家庭成员 702 人，平均每户家庭 4.5

人。由于大部分问卷受访者未填写家庭收入方面的信息，这里给大家提供的仅为51户农户填写的2007年家庭收入状况，以供参考：家庭总收入在4001～5000元的占1.82%，5001～8000元的占9.09%，8001～10000元的占14.55%，10001～12000元的占5.45%，12001～15000元的占29.09%，15001～18000元的占18.18%，18001～20000元的占18.18%，20001～25000元的占3.64%。该村的生产经营也以种植业为主，农区畜牧业育肥等多种形式为辅的生产模式，平均每户有16～20亩耕地，一般都种小麦、油料、甜菜、玉米、苜蓿等，犁地、播种、收割等全部靠租赁农业机械来完成，有些蒙古族农户有几台农业机械：拥有小型手扶拖拉机、犁铧、播种机和联合整地机的分别有40户、4户、3户和1户；家畜每户一般10～20只羊、2～5头牛等。当受访者被问及其家庭收入的主要来源时，有62.35%的人回答"粮食收入"，31.48%的人回答"打工收入"，22.84%的受访者回答"卖牲畜收入"，15.43%的受访者回答是"经济作物收入"，3.70%的受访者表示"生意收入"，3.09%的表示"卖牛奶收入"，而1.23%的人表示"蔬菜收入"，只有0.62%的人表示了"其他收入"。这里值得关注的一点是，打工也成为农民增收的新途径。据农民自己反映，这两年每到8、9月该村有700多个青壮年农民（其中400名为蒙古族）去外地捡棉花或在工地打工。又据该村村长介绍，这两年全村986名劳动力中长期输出340人，输出率34%，其中167人参加了乡里举办的农村建筑工匠班、农村经纪人、农家乐厨师班、缝纫工培训班、计算机培训班并取得技能培训上岗证实现就业，同时向山东青岛、内蒙古等地首次输出蒙古族和哈萨克族青年农工21人，实现了该村多年来疆外输出零的突破，拓宽了劳动力输出渠道。

2. 家庭支出

在此次调查的问卷里家庭支出这一项，未能得到足够的信息，许多受访者也未填答自己的家庭支出。所以，支出这一项所得到的有效样本量仅为51份，为了参考起见，将这51个样本单独汇总为一份数据，以供参考（见表7-1）。

表 7 - 1　被调查者的生产、消费支出

单位：元,%

	生产支出	衣、食、住、行、通信	教育支出	医疗支出	人情往来	其他支出
0 ~ 1000	1.82	0.00	23.64	30.91	58.18	0.00
1001 ~ 2000	21.82	7.27	10.91	21.82	27.27	0.00
2001 ~ 3000	20.00	16.36	7.27	21.82	7.27	0.00
3001 ~ 4000	7.27	9.09	5.45	0.00	3.64	0.00
4001 ~ 5000	16.36	23.64	1.82	3.64	0.00	0.00
5001 ~ 8000	7.27	40.00	5.45	3.64	0.00	0.00
8001 ~ 10000	0.00	1.82	1.82	0.00	0.00	3.64
10001 ~ 12000	0.00	0.00	0.00	0.00	0.00	0.00
12001 ~ 15000	0.00	0.00	0.00	0.00	0.00	0.00
15001 ~ 18000	0.00	0.00	0.00	0.00	0.00	0.00
18001 ~ 20000	0.00	0.00	1.82	0.00	0.00	0.00
20001 ~ 25000	1.82	0.00	0.00	0.00	0.00	0.00
25001 ~ 30000	0.00	0.00	1.82	0.00	0.00	0.00

　　从以上数据可以看出，虽然受访者的生产、生活支出占有一定的比例，但受访者的各类消费在全面增长，说明受访者的消费支付能力显著增强。

3. 居住条件

　　据村干部反映，全村有砖木结构住房 384 户、土房 78 户，分别占总户数的 85%、15%；自来水、有线电视入户率分别占总户数的 100% 和 17%；支渠、斗渠防渗率为 82%；现有沼气池 154 个，青储窖 62 座。对该村蒙古族农户的问卷调查显示，有 62.35% 的受访者住房为砖木结构房，18.53% 的受访者住房是砖混房，9.26% 的受访者住房为土打墙房，7.41% 的受访者住房为土坯房。当受访者被问及"您对目前自己的居住条件满意吗？"时，表示"很满意"的占 4.32%，表示"满意"的为 46.30%，二者合计占到受访者总数的 50.62%，另有 40.12% 的受访者表示"一般"，也就是这部分受访者的满意度居中，而表示"不满意"和"很不满意"的分别占 6.79% 和 0.62%，二者合计占受访者总数的 7.41%。由此可见，虽然受访者中对自己居住条件满意者的比例较高，但满意度居中者的比例也不小，这反映

着农牧民的居住条件的改善有待进一步的提高。

4. 主要耐用消费品拥有情况

随着农牧民消费支付能力的不断增强，农牧民的耐用消费品拥有量也不断增加。92.59％和48.15％的受访者表示拥有"电视机"和"洗衣机"，其他消费品拥有量分别为：电冰箱（29.01％）、照相机（13.58％）、收音机或录音机（11.73％）、热水器（5.56％）、电脑（1.85％），而没有拥有以上耐用消费品的受访者仅占1.23％。由此可见，绝大多数农牧民已经用上了现代社会的文明成果。

5. 农民家境的自我评价

受访者对自己的家境认为"衣食丰足"的占33.33％，认为"衣食无虞"的为16.67％，表示"家境富足"者占3.70％，三者相加，衣食无虞者占到受访者总数的53.7％；而表示家境贫穷者也大有人在，其中认为"家境贫穷"的占20.15％，认为"贫病交迫"的占15.25％，表示"负债累累"者占10.90％，三者相加，家境贫穷者占到受访者总数的46.3％。可见，有一半多一点的受访者达到"衣食无虞"的生活水平，但有相当一部分受访者的脱贫致富问题不可忽视，还得加强脱贫致富的工作力度。

不过受访者在自身生活的纵向比较中也给出了一个客观的评价，这一结果，与受访者上面的评价基本相符，但是境况还略胜一筹。当受访者被问及"您对近10年来的生产生活状况满意吗？"时，表示"很满意"者占0.62％，表示"满意"的占43.83％，二者相加，满意者占44.45％；表示"一般"的占51.85％；而表示"不满意""很不满意"的分别占1.85％、0.62％，二者相加，不满意者仅占受访者总数的2.47％；其余1.23％的受访者表示"说不清"。在回答"与过去10年相比，您觉得目前的生活怎样？"这个问题时，绝大多数受访者给出了肯定的回答。选择"很好"和"好"的分别占4.94％和74.69％，二者相加，认为目前的生活比过去的10年好的占受访者总数的79.63％；而认为"没有变化""变差了"和"说不清"的分别占11.11％、4.32％和3.09％。由此可见，绝大多数受访者对改革开放以后的社会变迁和生活状况的改善给予了充分的肯定。

与相邻的其他兄弟民族的横向比较中，蒙古族农牧民的收入状况又如何呢？当受访者被问到"与您所在村的其他民族家庭相比，您家的收入是高是低还是一般的水平？"时，有66.05%的受访者表示自己的收入为"一般"，24.07%的受访者表示"低"，而只有1.23%的受访者认为自己的收入"高"，其余8.02%的受访者表示"不知道"。看来，这里的农牧民的收入状况和其他相邻兄弟民族的农牧民相比不相上下。

6. 存在的问题

对于社会生活、经济生产中存在的问题，有53.70%（多项选择）的受访者认为当前存在的主要问题是"酗酒风气"，48.77%的受访者认为"大操大办婚丧喜事"，45.68%的受访者认为是农民的"务农技能差"，43.83%的受访者认为农民的"文化生活单调"，41.36%的受访者认为农民的"生活质量低下"；还存在的问题分别为："懒做农活，安于现状"（32.10%）、"生产单一"（31.48%）、"人畜饮水有待改进"（21.60%）、"农牧结合有待改善"（17.28%）等。在受访者被问及"您在生产经营活动中面临的主要困难是什么？"（可选三项）时，83.33%的受访者表示"缺少资金"，29.63%的受访者认为"缺少技术"，26.54%的表示"投入多，产出少"，14.20%的受访者认为"农牧结合有困难"，还有11.73%和9.88%的受访者分别认为"缺少市场信息"和"农畜产品销售困难"。可见，当前存在的问题和面临的困难也不少。

（二）对一些问题的认识和评价

1. 对国家免征农业税和粮食直补的认识

调查显示，对国家免征农业税和粮食直补，66.05%的受访者表示"享受了"，31.48%的受访者表示"没有享受"，而3.09%的受访者表示"不知道"。在问及"免征农业税和粮食直补对您生活有明显改善吗？"时，表示"有，但效果不太明显"者占86.42%，认为"还没有看到效果"的占10.49%，而认为"很明显"者仅占2.47%。以上调查结果显示，受访者对免征农业税和粮食直补的认知率很低，说明对国家免征农业税和粮食直补的宣传工作不够。据该村村长的反映，免征农业税和粮食直补确实给农牧民减轻了负担，对他们生活的改善有明显的帮助，但由于这几年水费、防雹费尤其是水费由原来的每亩 12 元涨到 22 元时，有部分农牧民就把两种不同的问题给混淆了。所以，必须进一步加大宣传力度，提高农牧民对国家有关农业政策的认知率。

2. 对就业的认识

在回答"在您所在地哪种生产经营方式是您认为快速致富的捷径？"这个问题时，66.05% 的受访者认为"农牧结合"是快速致富的捷径，18.52% 的认为"务农"，14.20% 的受访者认为"做生意"，还有 10.49% 的受访者认为"打工"也是致富的捷径，而祖祖辈辈赖以生息的"常规牧业"已不再被大多数人们看重或提起，此次受访者中看重或提起的仅占 3.09%。由此可见，绝大多数受访者的就业观念有着多样化的趋势。

3. 对本民族的评价

当受访者被问及"与您所在的乡、村里的其他民族相比，您认为蒙古族农牧民的生活水平处在什么位置？"时，46.91% 的受访者认为"和其他民族差不多"，43.83% 的受访者表示"较差"，认为"很差"的为 3.70%，表示"不清楚"的为 3.09%，而认为"较好"的仅占 1.83%。在进一步地问及"您认为，本地蒙古族农牧民在本地市场化社会的竞争中处在什么位置？"时，表示"和其他民族差不多的位置"的为 37.65%，认为处在"适应位置"的占 1.85%，二者相加，认为适应和差不多位置者占 39.5%；而表示"落伍跟不上的位置"的占 16.05%，认为"不适应的位置"者占 14.20%，认为"不利位置"者占 9.26%，认为"边缘化位置"的为 9.26%，四者相加，认为不利和不适应位置者占 48.77%；认为"有利位置"的仅为 0.62%，还有 11.11% 的受访者表示"不知道"。在问及"真正的游牧民已经或正在迅速消失，他们正在被迫或自愿变成局限在牧场上和农区的农牧民。这一结果对蒙古族农牧民是否有利？"时，40.74% 的受访者表示"有利"，表示"不利"的占受访者总数的 30.86%，而 28.40% 的受访者表示"不知道"。在受访者回答"您认为，您所在地的蒙古族牧民的定居是成功还是失败?" 这个问题时,55.56% 的受访者认为 "到目前为止,还是成功的",40.74% 的受访者认为 "成功与失败并存",只有 3.70% 的受访者表示 "完全失败"。根据以上各个情况的分析,我们可以得出如下结论:在整体上呼吉尔特村的蒙古族农牧民社会经济的发展是纵向进步明显,横向发展相对落后。

4. 对日后发展的态度

笔者调查时,农区蒙古族农家子弟离家务工者逐渐增多,此次问卷调查也顾及了这方面的问题。当受访者被问及 "您认为您的子女会离开您而另谋出路吗?" 时,表示 "会离开" 的占 43.82%,认为 "不会离开" 的占受访者总数的 23.46%,另有 32.72% 的受访者表示 "不知道"。可见,有一定数量的受访者有其子女会离开他们另谋出路的心理准备,能够接受这个现实,说明他们的思想观念也在变。在问及农牧区经济发展前景时,表示 "有信心" 的占受访者总数的 41.36%,其中表示 "很有信心" 的占 6.17%,表示 "较有信心" 的占 34.57%;而表示 "有些担忧" 的占受访者总数的 49.38%,另有 9.26% 的受访者表示 "不知道"。这里受访者表示的 "担忧",与当前农牧民文化素质不高,劳动和管理技能低下有一定关系。因此,今后政府和基层组织要加强对农牧民的劳动技能培训,积极引导农牧民走上效益增收之路。

(三) 对乡政府和民族乡职能的看法

1. 对乡政府的看法

乡政府在农牧民中的印象方面 (多项选择题),33.33% 的受访者认为乡政府 "社会信用度低",16.67% 的受访者表示 "管理效能低下",11.11% 的受访者表示 "司法不公,有法不依",8.64% 的受访者认为 "开放意识不强,改革措施不到位",5.56% 的受访者表示 "政策法规不配套",五项相加,认为乡政府印象不佳的占受访者总数的 75.31%;而 25.31% 的受访者认为乡政府 "管理效能改革措施都不错",6.17% 的受访者认为 "社会信用度高",4.94% 的认为 "司法公允",3.09% 的表示 "政策法规配套"，四项相加，认为乡政府印象佳者占受访者总数的 39.51%；另有 0.62% 的受访者选择了其他，但未注明。受访者认为乡政府给农牧民提供的服务主要有提供信息、技术、资金帮助、产后服务、生产资料等。他们对政府所提供的这些服务的满意度低，有 66.05% 的受访者表示"一般"，27.78% 的受访者表示"满意"，表示"非常满意"者仅占 1.23%，而表示"不满意"的为 4.94%。

不过受访者也有较高满意的方面。当受访者被问及"您对自己居住所在地的基础设施（路、水、电等）满意吗?"时，46.91% 的受访者表示"满意"，45.68% 的受访者表示"基本满意"，表示"非常满意"的为 1.85%，三者相加，表示满意的受访者占总数的 93.2% 之高，而表示"不满意"的仅占 5.56%。据了解，乡政府在村庄建设方面确实进行了卓有成效的工作：乡党委、政府克服资金不足等诸多不利因素，加大了村庄基础设施的投入力度和环境卫生的整治力度。铺设了通村柏油路 13.46 千米，巷道进行砂石铺垫 15 千米，安装路灯 60 盏，修建 U 形防渗渠 19 千米，配套桥涵 82 座，安装路沿石 3 千米，铺设彩砖 6000 平方米，栽植风景树 5000 余棵，配置垃圾集装箱 10 个。累计投入资金达 549 万余元，其中自筹资金 229 万余元。配套优惠政策，积极鼓励农牧民改善住房条件。两年来，全乡共建设抗震安居房 443 栋，砖混结构房比例从 2006 年年初的 46% 提高到 2007 年年底的 82%。同时从 2008 年起将每年的 7 月确定为该乡"村容村貌整治月"，用一个月的时间组织广大农民群众，在全乡 5 个农牧业村集中开展了以"五清五改"为主要内容的村庄整治工作，并建立起保持村容村貌整洁的长效机制。成立了一支由 8 人组成的呼吉尔特蒙古乡小城镇环卫工队伍，并配置了 8 套环卫工服装和 4 辆环卫车。专职负责乡政府驻地（包括两条主街和巷道内）的环境保洁、垃圾清运工作。建立了定期进行卫生大扫除的制度，通过对环境卫生大规模的集中整治，乡村面貌有了较大的改观。基本实现了乡村环境整洁、街巷柏油硬化，主街道实现路灯亮化、风景树绿化的建设目标。广大农牧民群众充分享受到了新农村建设带来的积极成果。

2. 对民族乡职能的看法

当受访者被问及"您觉得,您所在的蒙古民族乡有名有实吗?"时,认为"有名有实"的受访者占总数的 50.62%,认为"有名无实"的占 40.12%,而 9.26% 的受访者认为"勉强过得去"。在问及"蒙古民族乡政府在执行职务的时候,(面向蒙古族)是否使用蒙古语言文字?"时,44.44% 的受访者表示"偶尔使用",38.89% 的受访者表示"不使用",而认为"使用"的仅占 14.20%,另有 2.47% 的受访者表示"不知道"。

问卷调查显示,多数受访者对蒙古民族乡政府配备工作人员中的蒙古族人数所占比例表示不满,即认为蒙古族干部比例小。有 45.06% 的受访者表示"不满意",9.26% 的受访者表示"很不满意",二者相加,表示不满意的占受访者总数的 54.32%;29.63% 的受访者认为"一般",而表示"满意"的占 11.73%,表示"很满意"的为 1.23%,另有 3.09% 的受访者表示"说不上"。在回答"蒙古民族乡在开发资源、兴办企业时,在招收蒙古族农牧民方面有无合理安排?"这个问题时,大多数受访者给出了否定的回答。回答"没有合理安排"和"没有安排"的分别占 66.05% 和 5.56%,二者相加,认为没有安排的占受访者总数的 69.75%;认为"有合理安排"的仅占受访者总数的 5.56%;而另有 24.69% 的受访者却表示"说不清"。也就是说,大多数受访者认为民族乡未能充分地体现民族乡应有的职能,对此他们大有看法。由此可见,民族乡的职能健全和建设工作有待进一步的改善和加强。

3. 关于村委会

在受访者回答"您认为在市场竞争中能够代表并保护农牧民利益的是乡政府还是村委会?"时,选择"村委会"的占受访者总数的 76.54%,选择"乡政府"的为 11.73%,而表示"不知道"的为 11.73%。可见,大多数受访者信赖村委会。当受访者被问到"国家制定《村委会组织法》的根本宗旨在于实现村民自治,让农牧民自我管理、自我教育、自我服务,真正实现当家作主,作为村民您是否关注村委会和村民会议?"时,36.42% 的受访者表示"关注",9.26% 的受访者表示"非常关注",二者相加,认为关注者占受访者总数的 45.68%；而表示"不太关注"的占受访者总数的 50%；另有 4.32% 的受访者表示"根本没有兴趣"。由此可见，虽然受访者中多数人都信赖村委会，但多数受访者的关注度不强，说明参政议政意识弱一些。

在受访者被问及"不管大事小事，村委会是否征得村民代表的意见？"时，回答"是"和"不是"的分别占一半，即 48.77% 和 35.80%；而 15.43% 的受访者回答"说不清"。在进一步地问及"涉及全村村民利益的问题，村委会是否提请村民会议讨论决定？"时，46.30% 的受访者表示"是"，38.89% 受访者表示"不是"，表示"说不清"的占 14.81%。由此可见，村委会似乎民主氛围淡、工作程序不够民主，但一个好的民主氛围和民主议程的良好运转应该首先是由农牧民高度的参政议政意识和积极性来决定的。所以，农牧民参政议政意识有待于培育和提高。

4. 农牧民的期望

调查显示，广大农牧民对乡政府的期望还是很高的，对日后生活、生产的帮助提升寄予厚望。在回答"您觉得乡政府在社会生活、生产经济方面应该做什么？"（可选多项）时，表示"应多提供资金帮助"的占 77.16%，表示"应多提供卫生和文化设施"的占 52.47%，表示"应多提供生产资料"的占 40.12%，认为"应多提供技术服务"的为 29.63%，还有表示"重视草场改良、牧道修筑"，"引导农牧民适应市场经济"，"提供农牧、生态学普及知识"，"应多提供信息服务和产后服务"，"改善牧区交通条件"等分别占 25.31%、24.07%、22.22%、20.99%、17.90%。在这个问题的选项中，选项最多的是农牧民极想得到的"资金帮助"。既反映出农民对资金的需求，也体现出大多数农民对这一问题的关注。由于农牧民年收入普遍偏低，家底又微薄，没有多少积蓄，所以他们往往受偿还贷款能力低等因素的制约，很难从基层金融部门那里贷到款。还有医疗卫生、文化设施、农业劳动技能培训等也是农牧民迫切关注的问题，对这些问题，政府部门能不能加大力度、全力以赴地加以解决和完成，农民群众在拭目以待。

（四）医疗条件和新型农村合作医疗

呼吉尔特蒙古乡辖 5 个行政村，其中 4 个行政村设有村卫生室，呼吉尔特村未设村卫生室是由于其位置处在乡所在地，村民看病都到乡卫生院就诊，看病、用药比较方便。乡卫生院的建筑面积 300 多平方米，职工 14 名，其中 6 名医生、7 名护士和 1 名合管办会计，有 5 张床位。在笔者走访该卫生院时，其所拥有的医疗设备主要有：B 超仪、心电图机、三大常规（血、尿、便）化验、高压锅等。据村民反映，他们患常见病后，到乡卫生院就诊，一般为打针、输液或自己买药吃。乡卫生院的这种现状却不容乐观，更何况村卫生室。此次问卷调查也显示，多数受访者对乡卫生院的信任度较低。当受访者被问及"您对农牧区医疗条件、服务质量满意吗？"时，表示"不满意"的占 42.6%，表示"很不满意"的为 4.32%，二者合计，表示"不满意"的占受访者总数的 46.92%；除 17.90% 的受访者表示"一般"的外，表示"满意"的占受访者总数的 33.95%，其中表示"满意"的为 31.48%，表示"很满意"的为 2.47%；另有 1.23% 的受访者表示"说不清"。

据该乡卫生院于 2009 年 1 月提供的数据显示，呼吉尔特村 2008 年参加农村合作医疗的村民为 1528 人，参合率占全村人口的 60.16%。那么，参合能给农民带来多少实际补偿？据了解，农民每人每年交一次 20 元的医保费，这样农民患病住乡卫生院可报销 70% 的医疗费，到县医院可报销 55% 的费用。对此农牧民的满意度也很高。当受访者被问及"如果您已经加入农村医疗保险，您对新型农村合作医疗住院报销情况满意吗？"时，40.74% 的受访者表示"基本满意"，39.51% 的表示"满意"，18.52% 的受访者表示"非常满意"，三者合计，表示满意的占受访者总数的 98.77%；而表示"不满意"的仅占 1.23%。虽然农民住院的报销比例似乎很高，但农牧民住院的毕竟是有限的，农民得到的实际补偿很少，甚至是负数。特别是门诊补偿更是如此。据了解：从 2008 年 1～10 月的门诊就诊人次 2767人，门诊补偿 54317.01 元，而 2007 年全年的门诊就诊人次 2812 人，门诊补偿 52228.18 元；2008 年 1～10 月的住院就诊人次 53 人，住院补偿 18574.12 元，而 2007 年全年的住院就诊人次 41 人，门诊补偿 16699.54 元；2008 年 1～10 月的总就诊人次 2820 人，新农合补偿 71663.40 元，而 2007 年全年的总就诊人次 2853 人，新农合补偿 68927.72 元。

从上面现实门诊报销的情况看，2007 年，每个门诊病人平均报销补偿金额 18.57 元，2008 年为 19.63 元。由此可见，该村参合率不高的原因，也许是这些因素弱化了合作医疗制度对农牧民的吸引力。

（五）民族交往

对了解呼吉尔特村蒙古族村民在学校就读时用何种语言接受教育的调查显示，66.05% 的受访者表示为"蒙古语"，24.69% 的受访者表示为"汉语"，6.79% 的受访者表示为"哈萨克语"。无论他们是用何种语言接受教育的，他们几乎都兼通新疆三大民族的语言——维吾尔语、汉语、哈萨克语。当受访者被问到"您除母语外，还会几种语言？"时，表示会"汉、哈、维"三种语言的占受访者总数的 77.16%，表示会两种语言的占受访者总数的 22.22%，其中 18.52% 的受访者表示会"哈、维"两种语言，2.47% 的受访者表示会"汉、哈"两种语言，1.23% 的受访者表示会"汉、维"两种语言；而只会一种语言——汉语的仅占 0.62%。蒙古族村民的这种掌握双语或多语的自身优势使其便利于与其他民族的沟通与交往，在交往中与兄弟民族建立了良好的民族关系和私人关系，为本地区社会经济的发展营造着团结和谐的氛围。在问及"您有没有其他民族朋友？"这个问题时，表示"有，很多"的占受访者总数的 50.62%，表示"有，但不多"的也占受访者总数的 46.91%，而表示"没有"的为 2.47%。

民族之间交往的频繁，私人领域交往的加深，必然增加和加深一民族对另一民族的文化风俗习惯的熟悉和了解。此次问卷调查中受访者被问到"您对本地其他民族的风俗习惯和宗教信仰及民族心理的了解程度如何？"这个问题时，表示"了解"的占受访者总数的 45.06%，表示"非常了解"的占受访者总数的 1.86%，表示"了解不多"的占受访者总数的

44.44%，而表示"不了解"的占受访者总数的 8.64%。当受访者被问及"您和其他民族的友好交往是出于（什么目的）"时，46.30% 的受访者表示"互相帮助，互相学习"，43.21% 的受访者表示"互相尊重，和睦相处"，9.26% 的认为"结交往来"，而 1.23% 的受访者表示"互通有无"。由此可见，这种以尊重、学习、帮助为出发点的结交交往是营造团结和谐氛围的基础。在问及"您认为，能恰当反映目前您和其他民族（或邻居）关系状况的词汇有哪些？"（可选多项）时，表示"团结""帮助""合作""交流""信任""理解""共同发展""融洽""基本融洽"的分别占 70.37%、56.79%、51.85%、51.23%、34.57%、34.57%、24.69%、19.75%、14.81%；而表示"利益关系冲突""不融洽""隔阂"的分别占 1.85%、1.85%、0.62%。可见，对描述民族关系状况的词汇的选择上，绝大多数受访者选择了宽容、信任、团结、帮助、开放、积极、乐观的词汇。

对"三个离不开"思想的认识调查结果显示，大多受访者的态度不怎么明确或似乎有点不怎么认同的意味。当受访者被问及"您和其他民族交往的阅历是否让您体会到'汉族离不开少数民族，少数民族离不开汉族，各少数民族之间也相互离不开'这句话所蕴含的意思？"时，有 25.31% 的受访者表示"体会到"，而表示"体会不深"的却占受访者总数的 59.88%，表示"体会不到"的为 8.02%，另有 6.79% 的受访者表示"不知道"。在这个问题上，受访者确实已经给出了明确、肯定的回答，而将这个问题提升到理论的高度时，为什么得不到受访者的认同呢？在人们的社会生活、生产实践中频繁地实践着的这种特殊大道理一旦变成意识形态的或者政治说教的理论时，它会不会与人们心目中呵护的"原生态"理念相抵触而引起人们的逆反心理？对这个问题有必要做深入的研究，只有这样才能做好和巩固"三个离不开"的思想工作。

三 喀拉托海乡蒙古族村民问题

笔者于 2008 年 10 月 13 日从特克斯县城租赁一辆出租车直奔喀拉托

海乡塔本布鲁克村。喀拉托海乡位于特克斯县城东部，与恰普其海水库相连，南与拜城县相邻，西与喀拉达拉乡相连，北与巩留县相邻。全乡总人口达1.3万多人，其中哈萨克族占72%，汉族占14%，蒙古族占5%，回族占5%，维吾尔族占3%，其他民族占1%。原来这里的蒙古族主要集中在位于乡政府驻地以东约10千米处的塔本布鲁克村。2004年，因国家建恰甫其海水库这里的大部分农户迁至巩留县境内，只留下几十户。

抵达塔本布鲁克村后，笔者在当地村民的带领下，通过拜访喀拉托海乡原副乡长以及对该村农户的入户调查了解到一些问题，现对所获得的信息进行整理，结论如下。

21世纪初，因国家要在特克斯县喀拉托海乡塔本布鲁克村居住地附近修建水库（名为恰甫其海水库），塔本布鲁克村（该村全部是蒙古族）地处修建水库淹没线以内的250户村民被迁移至巩留县境内安置，而地处淹没线以外的56户、256名村民没有迁移。当时的喀拉托海乡乡长、乡移民办主任哈布里哈孜在群众大会上向滞留的村民保证说："滞留本村的村民要安心生产，乡政府将给你们每人分配7亩地，而且30年不变，还要修建新村。"2005年水库的水淹没了滞留村民的耕地，乡政府给村民每人分配了3.5亩耕地。虽然没有按原先许愿的每人分配7亩地，但村民也没有怨言，为国家经济建设也做出了"舍小家、顾大家"的重大牺牲。后来，随着水库水位的不断升高，该村村民的生活和生产环境受到了严重的威胁，所造成的后果如下。

（1）该村目前既没有水也没有电，居住条件差，可谓东一家人、西一家人，破烂不堪，道路、桥梁、灌溉等基础设施已被破坏得荡然无存。村民生活用水要到水库去挑。村民看病难，子女上学更难。村里不仅没有卫生室，就连医护人员也没有。一般的常见病都要到10千米外的乡政府卫生院。为了让孩子上学，村民到乡里的学校附近租房照顾孩子读书。

（2）村民目前所居住的是20世纪70年代所修建的年久失修的土木结构危房中，整个村庄没有几间像样的房屋，住房被侵蚀得裂缝百出，棚圈倒塌压死牲畜的事时有发生。

（3）2008 年 9 月，恰甫其海水库蓄水之后该村两户村民的住房和部分村民的 90 亩未收割的庄稼被淹，使村民的生命和财产受到了严重的威胁。恰甫其海水库方面至今未赔偿其所造成的损失。加上人均分得了 3.5 亩地，使村民耕地面积缩小了一半，所以村民的收入受到了影响，使得村民的生活更加艰难。

由于以上的困难，该村村民曾多次向伊犁哈萨克自治州及县、乡政府反映过自己的困境，但政府方面均没有采取任何措施。塔村的村民已经处于不得不搬迁的状态。

为了有效解决以上问题，特此建议：

（1）为了国家的水利建设，特克斯县喀拉托海乡塔本布鲁克村村民做出了巨大的牺牲，自己的生产生活受到了严重影响，自治区及自治州人民政府应按照国家规定，将这些村民核实登记为移民并享受国家的移民补助，同时择地将他们妥善安置，并改善和健全他们的生产、生活、医疗、学校等最基本的基础设施。

（2）建议自治区人民政府责令恰甫其海水库的有关管理部门对因水库蓄水而被淹没的村民财产和庄稼进行补偿。

第八章

尼勒克县蒙古民族乡调查问卷分析

——基于科克浩特浩尔蒙古民族乡科克浩特浩尔村的调查问卷分析

尼勒克县地处新疆北部天山西段，伊犁地区东北腹地。据 2008 年《新疆统计年鉴》，全县总人口 171615 人，由哈萨克、汉、维吾尔、回、蒙古等 25 个民族组成。其中蒙古族人口为 8893 人，占全县总人口的 5.18%。他们分布于全县的 10 个乡镇，而相对集中的是科克浩特浩尔蒙古民族乡。2008年 10 月 15～21 日，笔者对尼勒克县科克浩特浩尔蒙古民族乡进行了社会经济情况的调研，采用问卷调查和入户访谈的方式，对该乡下属的科克浩特浩尔村进行了重点调查。

一 科克浩特浩尔蒙古民族乡及科克浩特浩尔村基本情况

科克浩特浩尔蒙古民族乡是尼勒克县唯一的民族乡，成立于 1984 年，位于县城的东面，辖 10 个行政村，其中 8 个农业村，2 个牧业村，全乡总人口 15882 人，由蒙古、汉、回、哈萨克等 16 个民族组成。乡政府距县城 12 千米，省道 S315 线和 X774 线至 218 国道贯穿整个乡域全境，交通十分方便。这里属典型的大陆性北温带气候，夏季无酷暑，冬季无严寒，日照时间长，光热资源丰富，降水较多。丰富的气候条件适宜多种农作物种植，是尼勒克县粮油主产区，但耕地少，全乡总面积 152 万亩，其中草场面积 100 万亩，耕地面积 31293 亩（人均约 2.44 亩）。据乡里的统计，2007 年该乡农牧民拥有大中型农用拖拉机约 80 台，其中蒙古族农户拥有 20 多台；小型拖拉机 1340 台，其中蒙古族农户有 50 多台；各种农机具 113 套。全乡机耕率、机播率、机收率分别达到 100%、92%、86.5%。这些拥有农用机械的农户在农忙季节还经常在外县作业。乡域境内还有丰富的（无烟煤和烟煤、菱铁矿石和铝布岩等）矿产资源以及旅游资源，有待开发利用。所以该乡立足乡实际，以"农业稳乡、牧业强乡、旅游促乡、商贸活乡、能源富乡"为基本方略。全乡广播电视覆盖率达到 90%，农牧民参加新型农村合作医疗的参合率达 99%。2007 年，该乡农牧民人均纯收入达到 3553 元。

科克浩特浩尔村，以蒙古族为主，位于科克浩特浩尔蒙古民族乡政府以东 2 千米处。全村 173 户，总人口 840 人，其中蒙古族 142 户（330 人），汉族 25 户、回族 3 户、哈萨克族 3 户。贫困户或特困户数 56 户 216 人，其中居住危房的贫困户 13 户 57 人。全村耕地面积 6800 亩（人均约 8 亩）。生产经营以农为主、农牧结合的模式，农作物种植主要是小麦、玉米等粮食作物和胡麻、甜菜、马铃薯等经济作物。据了解，该村农户都有牲畜，平均每户 10~20 只羊、5~8 头牛。还有 50% 的农户拥有小型拖拉机，20% 的农户拥有中型拖拉机。2007 年全村人均收入达 3800 元。

本次调查实际发放问卷 148 份，其中科克浩特浩尔村的选点上发放 142 份（即全部蒙古族 142 个农户），其余 6 份是为了增加问卷的份数发给与科克浩特浩尔村相邻的库热村蒙古族农户填答，因为这两个村的经济生产状况基本相同，填答者又自称对科克浩特浩尔村的情况非常熟悉。最终获得的有效样本为 148 份，其缺失值一般在 3.8% 以下（问卷中的收入、支出这一项将单独重新按百分比计算，因为受访者可能是不愿透露个人信息的缘故导致该项缺失值较大）。

在此次 148 个有效样本中，受访者也是以男性为主，占总有效样本的 81.76%，女性占 18.24%。年龄结构的分布为：15~29 岁的占 10.14%，

30～49 岁的占 61.49%，50～59 岁的占 19.59%，60 岁以上的占 8.78%，整个样本基本上涵盖了青年、中年、老年等各个人群。文化程度结构也有特点，小学文化程度的占 27.03%，初中占 31.76%，高中占 31.76%，大专以上占 4.73%。7 人未填写文化程度。

二　农民生活状况及满意度

1. 家庭收入及支出

本次 148 个受访户农村居民共有家庭成员 605 人，受访人家庭的平均规模 4.5 人，众数为 4 人。因收入、支出这一项所得到的有效样本量为 81 份，所以在此就这一样本量单独汇总一份数据，仅作为参考。2007 年，家庭总收入在 1001～2000 元的占 2.44%，3001～4000 元的占 1.22%，4001～5000 元的占 2.44%，5001～8000 元的占 6.10%，8001～10000 元的占 15.85%，10001～12000 元的占 7.32%，12001～15000 元的占 15.85%，15001～18000 元的占 10.98%，18001～20000 元的占 7.32%，20001～25000 元的占 12.20%，25001～30000 元的占 7.32%，大于 30000 元的占 10.98%。该村的生产经营模式为以种植业为主、农区畜牧业育肥等多种形式为辅的生产方式。问卷调查显示，在多选题的回答中高达 82.93% 和 87.80% 的受访者认为自己收入的主要来源是"粮食"和"卖牲畜"。其他的依次为打工收入（50%）、卖牛奶收入（41.46%）、生意收入（14.63%）、经济作物收入（12.20%）和其他（2.44%）。这里值得一提的是农民的粮食收入与卖牲畜收入大致相当，说明农民把精力集中在种植与畜牧育肥并重的生产经营模式上，同时还兼顾其他生计，尤其从打工、卖牛奶和做生意者的所占比例看，他们已转变传统观念，冲破了蒙古族牧民以往鄙视做生意、忌讳出售奶食的习惯，从等待、观望的思想转变为我要发展的思维定式，顺应了社会发展的大趋势。

调查显示：受访者的生产、生活支出占有一定的比例，这是由农民目前的生产、生活条件所决定的。随着农民生产、生活水平的不断提高，其生产、生活和文化娱乐等各类消费结构也日趋合理化（见表8-1）。

表8-1   被调查者的生产、消费支出

单位：元，%，户

	生产支出	衣、食、住、行、通信	教育支出	医疗支出	人情往来	其他支出
0~1000	10.98	3.66	42.68	52.44	32.93	7.32
1001~2000	14.63	12.20	15.85	26.83	31.71	3.66
2001~3000	7.32	19.51	9.76	9.76	17.07	1.22
3001~4000	3.66	7.32	7.32	0.00	2.44	0.00
4001~5000	9.76	12.20	4.88	2.44	3.66	1.22
5001~8000	12.20	19.51	1.22	0.00	0.00	0.00
8001~10000	8.54	21.95	1.22	1.22	0.00	1.22
10001~12000	2.44	1.22	1.22	0.00	0.00	0.00
12001~15000	1.22	0.00	1.22	0.00	0.00	0.00
15001~18000	1.22	1.22	1.22	0.00	0.00	0.00
18001~20000	3.66	0.00	0.00	0.00	0.00	0.00
20001~25000	0.00	0.00	0.00	0.00	0.00	0.00
大于30000	1.22	0.00	0.00	0.00	0.00	0.00
户　数	63	81	71	76	72	12

2. 居住条件和主要耐用消费品拥有情况

在对农民的居住条件方面，调查结果表明，有10.14%的受访者表示他们居住的房屋是砖混结构，55.41%的受访者表示他们居住的是砖木结构房子，二者相加，居住条件较好的占受访者总数的66.55%；其余受访者居住的条件相对较差，有20.26%的受访者表示他们的居住的是土坯房，12.84%的受访者表示其居住的是土打墙房。许多农户房前还有庭院，院内养畜禽，种植蔬菜、果树、花草。当问及受访者其家里有哪些电器时，有82.43%的受访者选择了"电视"，47.97%的受访者选择"电冰箱"，35.81%的选择"洗衣机"，6.76%的受访者选择了"热水器"，还有6.76%的选择"收音机或收录机"，其余选择"电脑"和"照相机"的受访者分别占0.68%和0.68%；另有0.68%的受访者表示"以上都没有"。入户调

查也反映蒙古族农民的生活情况总的来说是进步的，家家通电，几乎家家拥有摩托车，交通也相当方便，多数农民有电视机、电冰箱等家用电器，少数还有电脑等相当高档的家用产品。情况虽然如此，但问卷调查中的另一个问题的回答却和我们所得到的结论略有出入。在受访者被问及"您的家庭经济状况如何？"时，有52.7%的受访者表示"家境差"，其中表示家境"贫穷""负债累累""贫病交迫"和"生计无着"者分别为21.62%、17.57%、12.16%和1.35%；而表示家境好的为51.36%，其中表示"衣食丰足"者占28.38%、表示"衣食无虞"者为16.89%、表示"家境富足"的为5.41%、认为"家境殷富"的为0.68%。以上在调研中出现的出入和偏差应该再做进一步深入调查才能给予充分的阐释。

3. 农民的满意度

当问及受访者自己对"近10年来的生产生活状况满意吗？"有超过一半（54.73%）的受访者表示"满意"，表示"很满意"的占0.68%，有33.11%的受访者表示"一般"，而4.73%的受访者表示"不满意"，表示"很不满意"的为1.35%，另有2.03%的受访者表示"说不清"。在受访者被问到"与过去10年相比，您觉得目前的生活怎样？"时，有74.32%的受访者表示目前的生活"好"，其中表示"好"的为66.89%；表示"很好"的为7.43%；认为"没变化"的占受访者总数的16.22%；认为"变差了"的为4.73%；另有4.05%的受访者表示"说不清"。这说明从总体上看，农民目前的生产生活状况较10年前大有改善，对这一点多数农民也给予了充分的肯定。

对于居住的条件，表示"满意"的占受访者总数的53.38%，其中50.68%的受访者表示"满意"，2.70%的受访者表示"很满意"；22.30%的受访者表示"一般"；而表示"不满意"的则占受访者总数的20.95%，其中"不满意"的为17.57%，"很不满意"的为3.38%；另有1.35%的受访者表示"说不清"。当受访者被问及"您对自己居住所在地的基础设施（路、水、电等）满意吗？"时，表示"满意"的占受访者总数的43.24%，表示"基本满意"的占受访者总数的33.78%，而表示"不满意"的则为

19.59%。可见，农民居住条件以及其居住所在地基础设施（路、水、电等）的改善等被大多数受访者肯定。

三　农民对一些问题的态度以及存在的问题

1. 对当地本民族的评价

当受访者被问及"与您所在村的其他民族家庭相比，您家的收入是高是低还是一般的水平？"时，认为"高"者仅占 1.35%，认为"低"者占 25.68%，而表示"一般"者占受访者总数的 70.27%，其余的占 2.70% 的受访者表示"不知道"。在受访者从另一个方面再被问及"与您所在的乡、村里的其他民族相比，您认为蒙古族农牧民的生活水平处在什么位置？"时，表示"和大家差不多"者占受访者总数的 72.97%，这一结果，与前面受访者个体和他族比较而得出的"一般"（70.27%）的结果基本吻合；还有 1.35% 的受访者表示"很好"，6.08% 的表示"较好"；其余的依次为：认为"较差"的占 14.19%，认为"很差"的 1.35%，另有 2.03% 的受访者表示"不清楚"。

随着市场经济的快速发展以及各民族在市场化进程中应对能力强弱的不同，其坐标所处位置也有可能不尽相同。在问及"您认为，本地蒙古族农牧民在本地市场化社会的竞争中处在什么位置？"时，表示"和其他民族差不多的位置"的占受访者总数的 40.54%，表示"适应的位置"者占 22.30%，认为"有利位置"的为 4.73%；而认为处在不利位置者占受访者总数的 40.53%，其中认为处在"边缘化位置"者占 14.86%，认为"不利位置"者占 12.16%，认为"不适应的位置"者占 8.78%，表示"落伍跟不上的位置"的占 4.73%；另有 2.70% 的受访者表示"不知道"。由此可见，当地蒙古族农民在市场化社会的竞争中其参与力相对于其他民族而言还是弱一些。

2. 农民的致富捷径和获取信息的渠道

当受访者被问及"在您所在地哪种生产经营方式是您认为快速致富的

捷径？（最多选两项）"时，有超过一半（53.38%）的受访者认为"农牧结合"是当地农民快速致富的捷径，而有28.38%和13.51%受访者分别认为"常规牧业"和"农业"是快速致富的捷径，另有5.41%和4.05%的受访者认为"做生意"和"打工"是快速致富的捷径。由此可见，这里的多数蒙古族农户的谋生观念是与时俱进的。关于获取信息的渠道，如今的农村不像以往，农民随时随地获取信息已成为一种新的生活方式。在问及"您一般通过下列哪些渠道获取农牧产品价格信息？"（最多选三项）时，有72.97%的受访者选择了"电视"，60.81%的受访者选择"广播"，35.81%的受访者选择了"报纸"，11.49%的受访者选择"通过电话（手机）问在城镇的亲戚"，也有相当多的人通过传统的渠道获取信息，其中33.78%的受访者选择了"政府部门"，23.65%的受访者选择"朋友"，18.24%的受访者的选择是"各类社会关系"，而10.81%的受访者选择了"进城去活畜市场"了解行情的办法。

3. 对于国家免征农业税政策的看法

调查结果表明，表示"享受了国家免征农业税政策"的占受访者总数的87.84%，表示"没有享受"的占受访者总数的8.78%，而2.70%的受访者表示"不知道"。当受访者被问及"免征农业税和粮食直补对您的生活有明显改善吗？"时，表示"有，但效果不太明显"者占受访者总数的66.22%，表示"效果很明显"者占受访者总数的19.59%，而表示"还没有看到效果"的为12.84%。这里，多数受访者对"免征农业税和粮食直补"所带来的实惠表示其效果不佳。据了解，虽然国家对农牧民实行了免征农业税和粮食直补，但是部分农资价格的不断上涨，增加了农牧民的生产成本，抵消了支农政策给农牧民带来的实惠。

4. 存在的问题、困难和期待

调查结果表明，目前农民在生产、生活上也存在这样或那样的问题和困难。在受访者被问及"您认为，当前在农牧区蒙古族社会生活经济生产中存在的主要问题是什么？"（可选多项）时，有31.08%的受访者认为是"大操大办婚丧喜事"，其他依次为：草场被农垦占用（29.05%），牧道修筑差（29.05%）、生活质量低下（23.65%）、农区基础设施（水、电、路等）差（20.27%）、草场退化（20.27%）、文化生活单调（19.59%）、务农技能差（18.24%）、农牧结合有待改善（11.49%）、人畜饮水有待改进（11.49%）、酗酒风气（8.78%）、两极分化（6.08%）、生产单一（6.08%）、懒做农活、安于现状（4.73%）、农田沙砾严重（4.05%）。在受访者被问及"您在生产经营活动中面临的主要困难是什么？"（可选三项）时，表示"缺少资金"者占受访者总数的 79.05%，表示"缺乏务农技术"者为 14.86%，认为"缺少市场信息"的为 12.84%，表示存在"投入多、产出少"者为 11.49%，而认为"农牧结合有困难"者占受访者总数的 10.81%，还有 6.08% 的受访者表示"农畜产品销售有困难"。

如上诸种问题，是受访者目前所认为的和实际存在的问题，至于如何解决这些问题，应是当地政府和有关部门所思考的，而且受访者也给乡政府提出了具体要求。在回答"您觉得乡政府在社会生活、生产经济方面应该做些什么？"（可选多项）时，他们所提出的期待依次为：应多提供资金帮助（73.65%）、重视草场改良和牧道修筑（25.68%）、应多提供生产资料（22.97%）、引导农牧民适应市场经济（22.30%）、多提供技术服务（22.30%）、应多提供卫生和文化设施（21.62%）、应多提供信息服务和产后服务（21.62%）、改善牧区交通条件（18.24%）、提供农牧及生态学普及知识（14.19%）。

四　对乡政府和村委会以及民族乡的态度

在乡政府给农民提供的服务方面，有 52.03% 的受访者表示乡政府"提供信息"服务，23.65% 的受访者表示"提供技术"服务，14.19% 的受访者表示"提供资金"服务，5.41% 的受访者表示"提供生产资料"，还有 4.73% 的受访者表示"提供产后服务"。那么，农民对以上服务的满意度如何？当受访者被问及"您对乡政府为您提供的服务是否满意？"时，表示"满意"的占受访者总数的 51.36%，其中表示"满意"的为 45.95%，表示"非常满意"者为 5.41% ；还有 29.73% 的受访者表示"一般"，而表示"不满意"的占受访者总数的 16.22% 。由此可见，有超过一半的受访者对乡政府所提供的服务是满意的。让受访者从另一个角度回答乡政府给他们的印象时，31.76% 的受访者表示乡政府"开放意识不强，改革措施不到位"，16.89% 的受访者表示"管理效能低下"，14.86% 的受访者认为"政策法规不配套"，6.08% 的受访者认为"司法不公，有法不依"，4.73% 的受访者表示"社会信用度低"，以上五者相加，认为印象欠佳者占受访者总数的 74.32% ；而表示印象佳者占受访者总数的 31.76% ，其中表示"管理效能改革措施都不错"的为 22.97% ，认为"社会信用度高"的为 4.05% ，表示"政策法规配套"者为 3.38% ，认为"司法公允"的为 0.68% ；另有 0.68% 的受访者表示"其他"（填答者未具体注明）。以上情况显示，乡政府虽然得到较高的满意度，但给受访者的印象欠佳度也很高，受访者的这种自相矛盾的回答，应是我们值得思考的。

关于村委会，调查结果表明，多数受访者对村委会的作用较为肯定。当受访者被问及"您认为在市场竞争中能够代表并保护农牧民利益的是乡政府还是村委会?"时，表示"村委会"的占受访者总数的 68.92% ，表示为"乡政府"的占 25.68% ，而 5.4% 的受访者表示"不知道"。在问到"国家制定《村委会组织法》的根本宗旨在于实现村民自治，让农牧民自我管理、自我教育、自我服务，真正实现当家作主，作为村民您是否关注村委会和村民会议?"时，75% 的受访者表示"关注"，7.43% 的受访者表示"非常关注"，二者合计表示关注者占受访者总数的 82.43% ；而表示"不太关注"和"根本没有兴趣"者分别占受访者总数的 16.22% 和 1.35% 。可见，绝大多数受访者或多或少具有参政议政意识。

当受访者被问到"不管大事小事，村委会是否征得村民代表的意见?"时，有 60.81% 的受访者回答"是"，只有 6.08% 的受访者表示"不是"，而 11.49% 的受访者表示"说不清"。在问到"涉及全村村民利益的问题，村委会是否提请村民会议讨论决定?"时，表示"是"者占受访者总数的 72.30% ，认为"不是"者为 15.54% ，另有 10.81% 的受访者表示"说不清"。可以看到，村委会能够与村民共同议事，具有一定的代表性，能体现村民意志。

对于民族乡，尤其是对建乡民族的民族乡意识的掌握和理解对民族乡的建设和改进具有关键性意义。因为促进民族乡的全面发展、保障少数民族的合法权益，是构建社会主义和谐社会的重要保证。调查结果显示，农民（即建乡的民族）对民族乡职能的满意度一般，说明民族乡职能建设任重道远。当受访者被问及"您觉得，您所在的蒙古民族乡有名有实吗？"时，有44.59%的受访者认为"有名无实"，27.70%的受访者认为"有名有实"，还有18.92%的受访者表示"勉强过得去"，另有7.43%的受访者表示"不清楚"。在问到"蒙古民族乡政府在执行职务的时候，（面向蒙古族）是否使用蒙古语言文字？"时，表示"不使用"者占受访者总数的43.24%，表示"偶尔使用"者占受访者总数的46.62%，而表示"使用"者却占受访者总数的2.03%，其余6.76%的受访者表示"不知道"。由此可见，大多数建乡的民族还不完全认同目前民族乡的民族属性。

当受访者被问到"您对目前蒙古民族乡政府配备工作人员中的蒙古族人数所占的比例满意吗？"时，表示不满意者占受访者总数的41.9%，其中表示"不满意"的为41.22%，表示"很不满意"者为0.68%；表示"满意"的为17.57%，表示"很满意"的为1.35%，二者合计，表示满意的占受访者总数的18.92%；还有30.41%的受访者的满意度为"一般"；其余7.43%的受访者表示"说不上"。在回答"蒙古民族乡在开发资源、兴办企业时，在招收蒙古族农牧民方面有无合理安排？"时，40.54%的受访者认为没有安排，其中认为"没有合理安排"的为20.27%，认为"没有安排"的为20.27%；而认为有合理安排的占受访者总数的21.62%；其余高达28.38%的受访者表示"说不清"，这也从另一方面说明该乡的企业以及资源开发不够规模，在农民群众中的认知率低。据了解，该乡拥有丰富的矿产、森林、水利和旅游资源，由于乡基础设施建设滞后，乡镇企业和民营经济比较薄弱，以上资源的开发有待于招商引资，而日后的发展将为农牧民开辟广阔的增收门路。

五 医疗条件、参合情况和健康状况

据了解，科克浩特浩尔蒙古民族乡卫生院的业务用房在 2007 年之前是个简陋且长年失修的房屋，就医环境极差，设备老化，人员素质低下，很难满足农牧民的就医需求。2007 年县卫生局投入 53 万元给乡卫生院盖起总面积为 630 平方米的一栋颇为气派的门诊楼。医院也自筹 11 万元对医院进行了硬化、绿化、亮化建设，使就医环境得到了改善，同时加大对该乡卫生院业务人员的培训。目前卫生院有 25 张床位，职工 16 名，其中医务人员10 名（4 名医生、6 名护士），工人 6 名。他们的学历为本科 1 名、大专 9名、中专 5 名、初中 1 名。而这栋有气派的卫生院门诊楼所拥有的医疗设备却极其落后，难以满足就医需求，仅有 B 超仪、心电图机、三大常规化验（血、尿、便）设备、体温表、血压计、高压锅、听诊器等。而村卫生室方面的情况，据了解是正在拟建和在建。据有关资料，该乡农村合作医疗工作开展情况良好，农牧民参加农村合作医疗的比率达到 99%。

以上情况表明医疗条件较前大为改善，但此次对农民群众所做的问卷调查结果显示，许多受访者对当地医疗条件的满意度并不高。在回答"您觉得看病难、看病贵的问题在您这里还严重吗？"时，表示"严重"和"很严重"的分别占受访者总数的 35.14% 和 10.14%，二者合计，认为严重的占受访者总数的 45.28%；有 30.41% 的受访者表示"一般"；而认为"不严重"的占受访者总数的 24.32%。这里由于未能深入调查，个中的原因无从谈起。

对于医疗条件和服务质量，47.30% 的受访者表示"一般"，34.46% 的受访者表示"满意"，其中"满意"的为 29.73%，表示"很满意"的为4.73%；而表示"不满意"的为 11.49%，表示"很不满意"者为 3.38%，二者合计，表示不满意的占受访者总数的 14.87%；另有 1.35% 的受访者表示"说不清"。在看病的便利方面，有 53.38% 的受访者表示"方便"，36.49% 的受访者表示"一般"，只有 8.11% 的受访者表示"不方便"，还有2.03% 的受访者表示"家离卫生院很远"。在回答"如果您已经加入农村医疗保险，您对新型农村合作医疗住院报销情况满意吗？"时，表示满意者占受访者总数的 67.57%，其中表示"满意"的为 64.19%，表示"非常满意"的为 3.38%；而 29.05% 的受访者表示"基本满意"，表示"不满意"仅占受访者总数的 2.70%。

农民对自身健康的评价方面，有 44.59% 的受访者对自身的健康状况表示"好"，5.41% 的受访者表示"很好"，二者合计，表示"好"者占受访者总数的 50%；有 41.22% 的受访者表示自身的健康状况"一般"，而 7.43% 和 0.68% 的受访者分别表示"差"和"很差"。这说明总体上人们的健康状况还算不错。但大多数农民的自我保健意识差。当受访者被问及"您在每几年中做一次体检？"时，表示"有感觉不对劲或有症状就做"的占受访者总数的 44.6%，表示做"一年一次"的占受访者总数的 27.70%，其他依次为：五六年一次（9.46%）、十几年一次（7.43%）、从未做过体检（6.76%）、没有体检的概念（3.38%）。

六　民族交往状况

科克浩特浩尔村蒙古族农户居住比较集中，农民的大多数仍保留着本民族的语言文化。在受访者被问及"您在学校学习时，主要的授课语言（以最高学历为准）是哪种语言？"时，表示"蒙古语"的占受访者总数的 57.43%，表示"汉语"的占受访者总数的 30.41%，表示"哈萨克语"的为 3.38%。笔者从与农户的多次接触中也感受到，蒙古族农户在心理上倾向于注重保守本民族文化和风俗习惯。虽然，这里的蒙古族农户居住比较集中、民族情结较浓，但在社会交往方面他们倾向于开放型。这一点，从如下情况可以证实。在回答"您除母语外，还会几种语言？"时，表示懂"汉、哈萨克、维吾尔语"三种语言者占受访者总数的 47.30%，表示懂"汉、哈萨克语"两种语言者占受访者总数的 42.57%，表示懂"汉、维吾尔语"两种语言的为 4.05%，表示懂"哈萨克、维吾尔语"两种语言的为 2.03%，而表示懂"汉语"一种语言的占受访者总数的 5.41%。也就是说，语言在这里是一个重要因素，绝大多数受访者除母语外，还懂 2~3 种语言，充分说明这里的农民群众的心态是求生存、求发展的。可以说，较高程度的民族交往体现了民族之间的良好关系。

与其他民族交结朋友方面，27.70% 的受访者表示"有，很多"，56.08% 的受访者表示"有，但不多"，只有 6.08% 的受访者表示"没有"。在问及"您和其他民族的友好交往是出于（什么目的）"时，表示"互相尊重，和睦相处"者占受访者总数的 51.35%，表示"互相帮助，互相学习"者占受访者总数的 31.76%，表示"结交往来"的为 11.49%，另有 4.05% 的受访者表示"互通有无"。

在对方风俗习惯的了解方面，多数受访者还是有一定的认识的。当受访者被问及"您对本地其他民族的风俗习惯和宗教信仰及民族心理的了解程度如何？"时，表示"了解"的为 38.51%，表示"非常了解"的为 6.08%，二者合计，表示了解的占受访者总数的 44.59%；表示"了解不多"者占受访者总数的 47.30%，而 8.11% 的受访者表示"不了解"。如上程度的"了解"是民族之间交往、接近的结果。

在民族关系的融洽方面，绝大多数受访者表示他们与其他民族的关系是积极向上和融洽的。在问及"您认为，能恰当反映目前您和其他民族（或邻居）关系状况的词汇有哪些？"（可选多项）时，受访者给出的回答积极方面的依次为：团结（66.22%）、信任（45.27%）、理解（43.24%）、融洽（40.54%）、合作（39.86%）、帮助（38.51%）、交流（37.16%）、共同发展（33.11%）、基本融洽（14.86%）；消极方面的依次为：不融洽（4.73%）、隔阂（0.68%）、利益关系冲突（0.68%）。

笔者了解到：科克浩特浩尔蒙古民族乡认真做好民族团结教育宣传工作，使"三个离不开"的观念深入人心，在全乡形成各民族之间相互学习、相互促进、共同发展的良好局面。但这一局面到底如何？还是让农民群众来回答才为可信一些。当受访者被问及"您和其他民族交往的阅历是否让您体会到'汉族离不开少数民族，少数民族离不开汉族，各少数民族之间也相互离不开'这句话所蕴含的意思？"时，47.30% 的受访者表示"体会到"，36.49% 的受访者表示"体会不深"，而表示"体会不到"的占受访者总数的 14.86%，另有 2.70% 的受访者表示"不知道"。由此可见，"三个离不开"思想并不是像乡政府方面所说的那样"深入人心"，对此应值得深思和进一步的研究。

七 对几个问题的认识和未来生活的信心

在回答"真正的游牧民已经或正在迅速消失，他们正在被迫或自愿变成局限在牧场上和农区的农牧民。这一结果对蒙古族农牧民是否有利？"时，有近 2/3（62.84%）的受访者表示"有利"，20.95% 的受访者表示"不利"，14.86% 的受访者表示"不知道"。可见，大多数受访者的态度日趋理性。当受访者被问及"您认为，您所在地的蒙古族牧民的定居是成功还是失败？"时，75% 的受访者表示"到目前为止，还是成功的"，19.59% 的受访者表示"成功与失败并存"，而只有 4.05% 的受访者表示"完全失败"。

在回答"您认为您的子女会离开您而另谋出路吗？"时，表示"会"和"不会"的受访者比例大致相当，有 24.32% 的受访者表示"不知道"。当受访者被问到"您对农区经济发展前景是否有信心？"时，表示"很有信心"的占受访者总数的 35.14%，表示"较有信心"的占受访者总数的 35.81%，而表示"有些担忧"的为 26.35%，还有 2.70% 的受访者表示"不知道"。从整体上看，绝大多数受访者对农区安居乐业的生活充满希望。

第九章

对三县调研的结论和建议

（一）结论

综上所述，笔者得出以下基本结论。

（1）由于历史的原因，曾是游牧的三县蒙古族经济和社会的发展一直落后于农耕地区的民族，自从他们纷纷定居并进入新的历史时期尤其改革开放后，他们与自己的过去相比有了翻天覆地的变化，出现了令人振奋的局面。现实的生活质量已经有很大的提高：几乎家家户户都有现代家电和摩托车等交通工具以及在线和无线通信设备，还用上了自来水。有能力的农户不满足于传统的生产（租借农机播种、收割）方式，不少农户购置手扶拖拉机、拖拉机、播种机、旋耕机等农机生产工具。蒙古族农户的居住条件也明显改善，许多农户住进了砖木或砖混抗震安居房。在调研中，对蒙古族牧民的定居务农是成功还是失败的问题，绝大多数农户给出了肯定的回答，绝大多数农户还对近 10 年来的自身家境——收入状况、居住条件、生活水平表示满意。

（2）随着生活条件的改善和思想觉悟的开明，蒙古族农户中出现了新情况、新变化，许多农民在务农的同时还利用农闲时间到外地打工挣钱，有些农民还长期外出务工，有些自发地组建"劳务输出协会"，由 3 ~ 5 人组成一组，利用农闲时间承包修水渠、盖房子和牲畜圈等活计。这在以前是想都不敢想的。农民群众还自发地组织起来,成立敖包协会、赛马协会、祖拉节协会,并通过举办各种活动来丰富农牧民的文化娱乐生活,给农民的自娱自乐活动营造了良好的文化氛围,客观上给农村的单调生活注入了一些欢乐的气氛,在一定程度上丰富了农村文化生活。而相比之下,乡和村一级的文化基础建设却相当滞后。

(3)绝大多数农民对农村合作医疗所起的作用表示肯定,约有90%的农民积极参加了新型农村合作医疗,但农村医疗设备的改进非常缓慢,有些村卫生室至今还无法正常运作,农民对乡、村一级医疗条件和服务质量都表示不满。

(4)农民对乡和村务工作有一定的关注度,具有一定的政治参与意识和利益诉求愿望。在调研中许多受访农民表达了当前当地存在的主要问题和他们的利益诉求。也就是说,与相对于以往分散游牧民相比,目前的农民具有了权利主体意识。

(5)三县蒙古族农民与当地相邻的其他民族有着传统友谊,由于受掌握双语或多语的自身优势的影响,使得他们与当地的哈萨克、汉、维吾尔等多个民族有着广泛的交往和联系,建立了团结友好、和谐相处的民族关系,为本地区社会经济的发展营造着团结和谐的氛围。

(二) 简要建议

(1)农民对免征农业税和粮食直补的认知率不高,说明基层组织对国家免征农业税和粮食直补的宣传力度不够。今后必须加大宣传力度,做好国家有关农村政策的宣传工作。通过广播、墙报等媒体和形式,让广大农牧民了解国家的有关农村政策,提高他们的对国家农业政策的认知率,为新农村建设营造良好的舆论氛围,夯实思想基础。

(2)尽管与自身的发展历史相比,农民的生活质量已经有很大的提高,但与相邻的其他民族在市场经济的竞争力方面相比,有一定的差距。要缩小这种差距,提升农牧民的生活质量,关键是要帮助农民转变传统观念、增强市场意识、开放意识、效益意识,从而改变农民收入来源单一、就业门路不多、增收困难的局面。

（3）受访的多数农民认为，目前最大的困难是缺少资金，亟须解决贷款难的问题。建议在做好以上工作的同时，希望将农村建设重点放在加大基础设施建设上来，尤其将能够提高农民健康和文明程度的医疗设备和村落文化建设摆在重要议事日程，其中投入、运作、管理和服务是关键。

（4）对于新型农村合作医疗制度要提高国家的补偿标准，减轻农牧民负担。与此同时，要加强对医疗点的整治与监督工作。在此次调研中发现，有些乡的村卫生室实际上以个人承包的形式在运作，而且其点又不在村里，加上政府对承包人缺乏有效监督，存在许多管理上的漏洞，对此情况应加以改进。

（5）农牧民的种植和养殖技术以及各类专长技术培训工作刻不容缓，除了农牧民自己自发地学习掌握之外，还要依靠乡政府的组织引导和培训。与此同时，使有条件和有一技之长的农民有机会外出务工、经商。这里政府的组织引导至关重要。

（6）大多数受访农民认为民族乡未能充分地体现民族乡应有的职能，即认为主体民族语言的使用以及就业安置等方面对主体民族的考虑不够全面或欠缺，甚至对乡长职位的设置和作用大有微词。特别是，乡政府（主要是蒙古族干部）跟蒙古族农牧民打交道或执行职务时应当顾全民族乡特有的权利和义务，千万不能将主体民族的语言文字视为可有可无的事情。所以，民族乡的职能健全和建设工作有待进一步的改善和加强——妥善协调利益关系，创建社会公平体系，就成为建设和谐乡村的重要方面。作为民族乡要兼顾主体民族的法定利益，即要运用民族乡拥有的权利和义务来保护和满足主体民族应有的利益诉求。

（7）此次问卷调查显示，农民对乡政府所提供的服务满意度不高，乡政府在管理效能、社会信用度等方面给农民的印象趋于一般，而最基层、离村民最近的村委会在农牧民心目中拥有和乡政府相当的位置，甚至略胜一筹。这说明村委会工作有群众基础，乡政府的工作有待改进。

———○ 第十章 ○———

伊犁州直属三县蒙古族教育历程及现状

自治区始终贯彻党的民族平等政策，保障各民族使用本民族语言文字的权利，使全区的各民族教育事业得到了长足的发展。新疆蒙古族教育事业是自治区教育系统中的一个重要组成部分，在其自身发展的进程中也取得了令人注目的成就。这里，拟通过对选点，伊犁州直属三县：昭苏、特克斯和尼勒克三县蒙古族教育状况的调查，以较为具体地展示新疆蒙古族基础教育在其民族分布的局部地区所取得的成就及存在的问题。居住于这三个县的蒙古族总人口为 2.6 万多，他们主要分布在三县农牧区。此次调研在调查期间与当地教育部门的有关人员及几所学校校长、部分教师和家长进行了座谈，也在农牧民群众中进行了相关的问卷调查，本调查报告即是在此次调研工作基础上的一份书面总结。下面就将总结情况报告如下。

一　新中国成立前的三县蒙古族教育

新疆蒙古族教育最早应始于 17 世纪卫拉特蒙古著名高僧咱雅班第达，因为是他创制托忒文并培养一批学生，还组织这些学生用托忒文翻译了 200余部宗教、医药、天文、历史、文学等方面的经典作品，起到了传播知识的重要作用。之后的很长时间里，新疆蒙古族的教育是以黄教寺院为教育场所。清代中叶，新疆蒙古族中只有少数封建王公子弟，在王府官邸跟塾师学习，读书识字，接受传统的封建文化教育。清朝政府为了巩固其封建统治，在新疆先后设立过各种名义的学堂，专门培养八旗子弟，其中就有察哈尔和厄鲁特蒙古子弟。至 20 世纪初，蒙古王公也建立过蒙古文学堂。在杨增新统治时期（1912～1928），在乌鲁木齐创办了蒙哈学校，招收蒙古、哈萨克族上层人士子弟，主要教授蒙古语、哈萨克语、汉语和常识等课程。

1933 年盛世才统治新疆后，在苏联的影响下，特别是这一时期中国共产党人领导了新疆的教育工作，新疆的教育事业有了新的起色。盛世才也重视少数民族的文化教育，提出了发展各民族固有文化的主张，尤其受其"六大政策"的影响，新疆各民族文化促进会纷纷成立。之后南北疆蒙古族聚居区相继建立了一批私立和公立学校。1931 年秋，厄鲁特营安奔（总管）那逊约集 12 户富户出羊千只为资，在今昭苏镇办起第 1 所蒙古族小学校。1938 年，昭苏设治局将蒙古族小学校改为公立小学，称设治局一学校。同年，设治局一学校、小学在昭苏镇分别开办夜课班。此为昭苏初等教育之始。1936 年 7 月，特克斯设治局（含今昭苏县境）共有小学 38 所，其中蒙古族小学 2 所，教员 4 人。蒙古族小学在校生 85 名。同年，各民族文化促进会相继在特克斯县成立，文化促进会在县境内开办学校。1943 年，全县会办学校达 20 所。其中蒙古族文化促进会会办小学 1 所，学生为 81 名，教员 2 名。

尼勒克县也相继成立了几所学校。1932 年，该县科克浩特浩尔办起 1 所流动小学，有学生 40 名，教师 2 名。冬季学生在科克浩特浩尔学校上课，夏季则随牧民搬迁至胡吉尔台沟上课。1933 年，鲁日甫喇嘛、来丁库尔代建立红校，当时有 200～300 名学生。至 1944 年，三区革命爆发，红校被解散。学生中大部分为蒙古族，所设课程中有蒙古文、算术、地理、历史、经文等。1935 年，巩哈县蒙古语学校建成。到 1945 年 5 月，尼勒克县有中学 1 所、小学 39 所，其中蒙古语学校 2 所。新中国成立前，以上三县小学的教材主要来自苏联及中亚地区。课程设置为语文、数学、自然、历史、地理、音乐、美术、体育等。

二　新中国成立以后的三县蒙古族教育

新中国成立后，三县的蒙古族教育也翻开了新的一页。1950 年 12 月，在原哈萨克族中学基础上成立巩哈县中学，开设哈萨克、汉、蒙古、维吾尔语 4 种语言教程，中学教育逐渐走上了发展的道路。1956 年以后，少数民族小学陆续开设了汉语课，汉语小学一度开设英语课，并且使用全国统一课本，各族小学均开设了政治（品德）课。1959 年，尼勒克县中学开设蒙古语初中班。1966 年 5 月，因"文化大革命"开始，学校停办。1970 年 9 月，又在科克浩特浩尔、胡吉尔台、巴彦沟等公社、大队的小学开设初中班。

1974 年在县党政领导的关心和支持下，县蒙古中学（即尼勒克县第四中学）在科克浩特浩尔公社正式成立，实为汉、蒙合校，有汉语班 1 个，学生 20 人；蒙古语班 1 个，学生 39 人。学校共有教室 6 间，240 平方米，师生宿舍 10 间，共计 300 平方米。1978 年，蒙古语班增为 4 个，其中高中班 1 个，有学生 21 名；初中班 3 个，学生 146 名，职工从 6 名增加到 26 名。1981 年，蒙古中学内设的汉语班析出，建立八年制汉语学校。1983 年，蒙古中学从科克浩特浩尔迁至县城东部的阿日喀什老城遗址。学校设有初中班 7 个，264 名学生；高中班 2 个，学生 82 人。教室 15 间，共计 782 平方米；学生食堂 1 间，面积为 104 平方米。1984 年，在校教职工 41 名。当年新盖学生宿舍 18 间，解决了学生的寄宿问题。到 1994 年，全校共有教职工 57 人，有初中班 7 个，学生 250 人；高中班 5 个，学生 164 人。2005 年，该校高中部并入县一中，初中部被并入县二中。目前在这两所学校蒙古族教师共为 16 名，6 个班级里总共有 70 名学生，除蒙古语文课外，其他课程全程采用汉语教材、汉语授课（该县其他乡和场里的学校情况请见表 10 - 1）。

表 10 -1 1994 年尼勒克县小学校统计

行政归属	校名	教学点	建校时间	授课语言	班级 合计	小学	初中	教学点	在校学生 合计	小学	初中	教学点	教职工 合计	小学	初中	教学点
尼勒克乌赞乡	塔尔克特学校	—	1969.9	维吾尔、蒙古、哈萨克语	10	10	—	—	151	151	—	—	14	14	—	—
胡吉台乡	乌吐兰学校	—	1943.9	蒙古语	5	5	—	—	88	88	—	—	8	8	—	—
胡吉台乡	乌兰布鲁库学校	1	1980.9	蒙古语	7	5	—	2	106	85	—	21	9	7	—	2
乌拉斯台乡	巴彦郭勒学校	1	1969	蒙古语	6	5	—	1	124	113	—	11	12	11	—	1
科克浩特浩尔乡	科克浩特浩尔学校	—	1938.9	蒙古语	5	5	—	—	101	101	—	—	12	12	—	—
科克浩特浩尔乡	查干阿门学校	—	1967.9	蒙古、维吾尔、汉语	15	15	—	—	271	271	—	—	24	24	—	—
科克浩特浩尔乡	齐齐尔罕托罗海牧业寄宿学校	4	1971.9	蒙古、哈萨克语	14	9	—	5	172	108	—	64	24	19	—	5
吉仁台牧场	吉仁台九年制学校	2	1979.9	蒙古语	8	4	2	2	119	63	32	24	19	8	8	3

1955 年居住在呼吉尔特的俄罗斯族迁回苏联后，特克斯县城蒙古族学校搬进了原俄罗斯族学校。来自库热、巴合勒克、呼勒斯台等地的蒙古、哈萨克族学生就读于该校并住宿在名叫霍·巴生的人捐出的私房里。当时 5 个蒙古语班共有 70 名学生。该校被命名为县第二小学，在县蒙古族中学建立之前，该校还开办过中学预备班。1963～1975 年，该校有蒙古、哈萨克、汉族学生，其中蒙古语班 6 个，100 名学生。1976 年呼吉尔特乡的汉族迁至一公社，汉族学生转学。1990～1999 年该校蒙古语班 6 个，学生 140 名。这期间开设了汉语班。1999 年起该校蒙古语班为 2 个，双语班（蒙汉混合）6 个。2004 年为哈萨克语班 5 个，双语班（蒙汉混合）6 个。

特克斯县第四中学创建于 1983 年 8 月，是从县第一中学析出蒙古语教学部而建，学校设高中部和初中部，是一所蒙古族普通完全中学。校址在特克斯镇阿克奇街。1987 年 4 月，由县编制委员会审定为科级事业单位。1990 年在校学生 313 人，教职工 35 人，其中专任教师 24 人。教职工中有中学一级教师（中级）4 人。特克斯县第四小学成立于 1985 年 8 月，是一所蒙古语普通小学，由县教育局管理，学校设在县第四中学内，由县四中代管。1990 年有教职工 6 人，其中专任教师 5 人。

1973 年，昭苏镇成立昭苏县蒙古语师范班。1982 年，昭苏县教师进修学校成立，开设蒙古语、哈萨克语、汉语班各 1 个。1984 年县教师进修学校得到州人民政府认可，但新疆维吾尔自治区人民政府认为该校不具备办学条件，于 1985 年将其解散。

党和政府为方便农牧民子女就近入学，在县各乡、场的学校里虽规模过小、班额不足，但也设置了蒙古语学校或部分班级（见表 10 - 2）。

表 10 - 2   1988 年昭苏县小学分布表

行政归属	校　名	教学语言	校　址	附设初中班
县教育局	县第四小学	蒙古语	昭苏镇	—
洪纳海乡	洪纳海牧场小学 下洪纳海小学	哈萨克语、蒙古语 维吾尔语、蒙古语	牧业队 下洪纳海村	— —
阿克达拉乡	塔地萨依牧场小学	哈萨克语、蒙古语	塔地萨依村	6
乌尊布拉克乡	乌尊布拉克小学	蒙古语	乌尊布拉克村	—
察汗乌苏乡	阿克苏小学	蒙古语 汉语 哈萨克语、维吾尔语	阿克苏村	3 2 1
夏特乡	夏特小学	哈萨克语 维吾尔语 柯尔克孜族语 蒙古语	夏特村	5 5 2 3
天山乡	天山小学	蒙古语	天山乡	3
灯塔牧场	灯塔小学	哈萨克语、维吾尔语 蒙古语、汉语	灯塔牧场	3 3
羊场	羊场牧业小学	蒙古语	农业队	—
种马场	二小学	哈萨克语、蒙古语	场部	—

　　昭苏县第四小学是一所双语学校，共有 274 名学生，其中蒙古族学生为 110 名，其余为哈萨克、维吾尔、回、汉、柯尔克孜等民族学生，有 6 个班级（各民族混合），有一个学前班，学前儿童为 40 名，蒙古族学生都来自县周围的乡。教学模式是全部课程用汉语授课，从三年级起每周给学生上几节蒙古语文课。教职工 29 名，其中 4 名汉族、1 名哈萨克族（工人），其余为蒙古族教师。

　　昭苏县第二中学为蒙古语完全中学，是 1980 年从县一中析出而建。1988 年学校有初中 4 个班、高中 6 个班，初、高中学生共计 450 名，教职工 43 名，其中专职教师 28 名，教学模式初中部为双语班，即数理化以汉语授课，语文、历史、政治以蒙古语授课。2008 年该校初中班 3 个、高中班 3 个，初、高中学生共计 158 名；教职工 40 名，其中专职教师 34 名。教学模式为初中部除蒙古语文课外，其他课程使用汉语教材、汉语授课；高中部除汉语外，各课程教材均采用蒙古语教材、蒙古语授课。

　　总而言之，新中国成立以后的昭苏、特克斯和尼勒克三县蒙古族教育事业发生了翻天覆地的变化，取得了可喜的成绩。据伊犁州直第十八中学于 2003 年对昭苏、特克斯和尼勒克三县蒙古族学校所作的统计显示，三县共有蒙古语小学 27 所，中学 14 所，高中 5 所，在校学生数总计 4763 人，在编制内的蒙古族教师 474 名。这些教育资源，足以满足昭苏、特克斯和尼勒克三县总人口为 2.6 万多蒙古族群众子女受教育的需求。这些成绩的取得，得益于党和国家在民族教育工作方面采取的许多照顾政策和措施，才使以上三地蒙古族人民的办学条件在学校分布、布局、规模、教师配备、教学设备分配、经费等方面有了很大的改善和提高，特别是在校舍、师资、教材等基本建设的经费投入上得到了优先保证，三县蒙古族教育取得了长足的发展。

　　在此附带介绍的是伊犁州直第十八中学，该校始建于 1947 年，学校设在伊宁市，到 1958 年时，发展为全疆初具规模的唯一一所蒙古族中学。1960 年因"左"的错误路线和其他原因停办。于 1980 年重新得到恢复，昭苏、特克斯和尼勒克三县是该校主要生源地，在此三县内招生。至 2003 年，该校教学班已发展到 12 个，其中高中 6 个班、初中 6 个班，在校生 400 余人，专职教师 30 名，行政及工勤人员 10 名，教师学历合格率为 100%。该校在伊犁地区 10 年前即 1993 年就率先开设"双语实验班"，得到当地的地、州、区教育部门认可和蒙古族群众的欢迎。为配合有关政策和民汉合校工程的实施，2005 年，该校与伊犁州直第二中学合并成伊犁州直实验中学，由哈萨克、汉、蒙古三个民族组成。蒙古族学生有 300 多名，共有 9 个班，其中初中班有 3 个、高中班有 6 个，蒙古族教职工 26 名。教学模式为除蒙古语文课外，其他课程均采用汉语教材、汉语授课。

三　三县蒙古族教育存在的问题及原因

三县蒙古族教育所取得的成绩和形成的规模，在进入 20 世纪 90 年代之后，随着时代潮流的发展和在新的社会语境下，其自身存在的问题逐渐显现出来，其日后的发展和规模随即逐渐缩水或"转型"。

实施双语教学工作的目标是培养"民汉兼通"的少数民族高素质人才队伍的需要，是全面提高少数民族学生就业率和就业能力的需要，是促进各民族共同发展、共同繁荣的需要。应该说这一教学政策的出台高度概括了新疆的实际情况，也受到了新疆各族人民的欢迎。笔者曾调研过的昭苏、特克斯和尼勒克三县蒙古族学校基本情况如下。

1. 三县蒙古族双语教学的实施走上了"单语"的路子

例如昭苏县的乡、团场、镇小学和中学都实现蒙汉合校，并实行蒙汉学生混合编班。其教学模式为全部课程采用汉语教材、汉语授课，极个别学校保留了蒙古语文课，但蒙古语却成了副课，每周对蒙古族学生集中上 2~3 节蒙古语识字课，而且课时一般安排在课外活动的时间内。又如特克斯县呼吉尔特蒙古乡中心小学，2007 年有哈萨克语班 2 个，双语班（蒙汉混合）6 个；2008 年，哈萨克语班为 1 个，而双语班（蒙汉混合）全部转为汉语班。尼勒克县的情况则有过之而无不及。所谓双语教学，即对少数民族班的学生用汉语进行理科教学，文科课程仍使用母语教学，其目标是培养民汉兼通人才。所以双语教学首先要体现"双语"平等的原则并协调发展，避免走极端。否则没有双语平等的民族团结就是一种空洞的、没有效力的平等。正确认识并不折不扣地实施双语教学，对自治区社会经济的稳定和发展具有重要意义。

2. 双语教学的实施效果不容乐观

目前三县蒙古族学校已经过渡到除母语外，其他课程均采用汉语教材、汉语授课的阶段。这个过程的实施几乎是由清一色的原来全程采用蒙古语教材、蒙古语授课的教师承担完成的。其授课效果可想而知，很难保证教学质量。据有关教师的反映，许多教师上课有些吃力、知识输出难，而学生听不懂、知识接受更难。这既削弱了教师的威信，也削弱了学生对课程的兴趣。

3. 对生源和教师问题的处理方法欠妥当

20 世纪 90 年代中期以后，新疆蒙古族学校逐渐开始进入了一个生源减少、教育资源重新整合的时期，其中伊犁三县蒙古族学校情况也较为突出。由于受双语师资薄弱和蒙古语授课毕业生出路太窄的影响，蒙古族学龄儿童上汉语学校或转学到汉语学校就读的趋势逐渐显现，致使蒙古语学校生源锐减，甚至出现了班级断层。据伊犁州直第十八中学于 2003 年对三县蒙古族学校所进行的统计显示，当年三县的蒙古族小学生升入中学的升学率仅为 37.95%。他们对如此低升学率成因的解释是部分为转学，部分为辍学。笔者在此次调研中也了解到，2008 年，昭苏县城的蒙古族有 400 户 1423 人，就读中、小学的蒙古族学生共计 345 名，其中 301 名学生上汉语学校，只有 44 名学生上蒙古语学校接受双语教育。由于蒙古语授课大学生的就业日趋困难以及就业竞争的加剧，使得汉语学校成了部分蒙古族学生升学的首选目标。这不仅给蒙古语学校带来了巨大压力，还直接影响了业已形成的蒙古语教师队伍的健康发展。在蒙汉合校和教育资源的重新整合、调整的过程中，许多或部分蒙古语教师被编入"超编"序列而面临内退、改行和待岗的境遇。在安置情况方面，除内退的外，其余人员有的挂闲职，有的当宿管后勤老师，有的被安置于其他机构，也有的当门卫和清洁工。

据笔者在尼勒克县城接触到和了解到的该县部分教师被安置情况是：县建设局 6 名教师、老干局 2 名、县社区居委会 2 名、县信访局 1 名。

四　对策性意见和建议

三县蒙古族中、小学校由于过于分散且规模过小、办学条件差以及进入 20 世纪 90 年代以后受市场经济的因素和教育部门的重视不够等因素影响常常经费紧缺，后期班额不足、生源短缺，不久又遇上双语教学、民汉合校的新要求、新规定，使得蒙古族学校的正常运作困难重重。于 2003 年，伊犁州直第十八中学鉴于三县蒙古族学校所面临的问题以及出于对这一地区蒙古族教育事业日后发展的考虑，提出了"伊犁州直县市蒙古族中、小学布局调整初步设想"。该设想针对三县蒙古族学校布局分散，点多、面广而规模偏小、教学质量差的状况，提出了如何整合中、小学教学资源，使其体系结构得以优化以及如何实施双语教学并使其协调发展直至培养"民汉兼通"人才等一系列合理化意见和建议。遗憾的是，当时当地教育部门对此根本就没有给予过考虑和机会。笔者希望教育部门对以往的呼声和要求重新给予过问和关注，并对近几年以来所做的一系列民族教育工作进行一场检验，在此基础上对双语教学工作进行反思，最后再定夺是否给"双语教学"这一工程作重新定义或加以界定的问题。

笔者在此次调研中，对蒙古族农民群众对"双语教学"有何看法的问题也进行了问卷调查，在此汇总起来，供教育部门参考。

调查结果显示，三县绝大多数受访者（蒙古族农牧民）在几种教学模式中选择了"双语教学"。即当受访者被问及"您希望您的孩子应接受哪种语言教育？"时，选择"双语教学"的分别为 41.55%（昭苏）、70.99%（特克斯）、69.59%（尼勒克），选择"母语教学"的分别占 26.48%（昭苏）、0.00%（特克斯）、6.08%（尼勒克），选择"汉语教学"的分别为 32.42%（昭苏）、27.16%（特克斯）、25%（尼勒克），而选择"英语教学"的分别为 3.65%（昭苏）、1.85%（特克斯）、3.38%（尼勒克）。可以看出，受访群众是非常现实的，也表现出了他们极大的理性一面，说明他们要的是能够与时俱进且能够传承民族文化的真正意义上的"双语教学"，而不是"单语"模式。鉴于以上情况，笔者建议中小学按民族语言授课，保证少数民族语言文字教学，希望教育部门对此予以重视，体现民族平等和语言平等的原则，并切实确保少数民族文化教育事业的传承和发展。

附录一

新疆蒙古族人口分布表

单位：人

乌鲁木齐市	9088	**哈密地区**	2452
天山区	2460	哈密市	1023
沙依巴克区	2480	巴里坤哈萨克自治县	1424
新市区	1968	伊吾县	5
水磨沟区	754	**昌吉回族自治州**	6544
头屯河区	337	昌吉市	1444
达坂城区	30	阜康市	394
米东区	922	呼图壁县	301
乌鲁木齐县	137	玛纳斯县	111
克拉玛依市	2293	奇台县	1724
独山子区	437	吉木萨尔县	2542
克拉玛依区	1022	木垒哈萨克自治县	28
乌尔禾区	280	**伊犁哈萨克自治州**	72570
白碱滩区	554	伊犁州直属县（市）	33090
吐鲁番地区	186	伊宁市	1250
吐鲁番市	114	奎屯市	1060
鄯善县	60	伊宁县	268
托克逊县	12	察布查尔锡伯自治县	511

续表

霍城县	769	沙雅县	8
巩留县	2234	新和县	11
新源县	161	拜城县	25
昭苏县	13334	乌什县	13
特克斯县	4610	阿瓦提县	74
尼勒克县	8893	柯坪县	4
塔城地区	33590	**克孜勒苏柯尔克孜自治州**	70
塔城市	1704	阿图什市	38
乌苏市	8110	阿克陶县	23
额敏县	6002	阿合奇县	3
沙湾县	466	乌恰县	6
托里县	523	**喀什地区**	534
裕民县	139	喀什市	116
和布克赛尔蒙古自治县	16646	疏附县	8
阿勒泰地区	5890	疏勒县	64
阿勒泰市	2580	英吉沙县	3
布尔津县	1551	泽普县	93
富蕴县	295	莎车县	89
福海县	187	叶城县	33
哈巴河县	436	麦盖提县	31
青河县	817	岳普湖县	54
吉木乃县	24	伽师县	18
博尔塔拉蒙古自治州	27833	巴楚县	22
博乐市	12522	塔什库尔干塔吉克自治县	3
精河县	5075	**和田地区**	106
温泉县	10236	和田市	47
巴音郭楞蒙古自治州	48886	和田县	—
库尔勒市	5328	墨玉县	13
轮台县	47	皮山县	5
尉犁县	29	洛浦县	19
若羌县	15	策勒县	5
且末县	23	于田县	14
焉耆回族自治县	3171	民丰县	3
和静县	30273	**自治区直辖县级市**	—
和硕县	5622	石河子市	838
博湖县	4378	阿拉尔市	272
阿克苏地区	760	图木舒克市	32
阿克苏市	522	五家渠市	196
温宿县	34	**总　　计**	177120
库车县	69		

资料来源：2008 年《新疆统计年鉴》。

附录二

2008 年和静、和硕二县蒙古族社会现状调查问卷（一）

亲爱的同胞：

您好！我非常诚挚地邀请您参加此次调查。为了全面客观地了解新疆蒙古族社会现状，为其日后的发展提供一定的事实依据，特设计此问卷。请回答以下问题，在合适的方框上打钩☑，多谢合作。

1. 请您估计一下过去一年中，您全家的收入一共有多少？

□600 元以下　　　　　　□600～1000 元

□1000～1500 元　　　　□1500～2000 元

□2000～2500 元　　　　□2500～3000 元

□3000～3500 元　　　　□3500～4000 元

□4000～4500 元　　　　□4500～5000 元

□5000～5500 元　　　　□5500～6000 元

□6000～8000 元　　　　□10000 元以上

2. 您全家一年的总收入中畜牧经营和劳务（代牧和打工）收入分别有多少？

畜牧经营_____元　　　代牧_____元　　　打工_____元

3. 您认为，农场最需要哪一类的人才？（可多选）

□兽医　　　　　　　□医生　　　　　　　□经纪人

□管理人才　　　　　□其他＿＿＿＿＿＿

4. 您认为，牧区最需要改善的项目是什么？

□人畜饮水　　　　　□草场改良　　　　　□牧民定居

□牧道修筑　　　　　□其他＿＿＿＿＿＿

5. 您认为当前牧区社会中存在的主要问题是什么？（多选）

□生活质量低下　　　□两极分化　　　　　□草场被农垦占用

□草场退化　　　　　□不良的社会风气　　□酗酒

□文化生活单调　　　□其他

6. 您对区（乡）政府的整体印象如何？

□管理效能低下　　　　□开放意识不强，改革措施不到位

□政策法规不配套　　　□司法不公，有法不依

□社会信用度低　　　　□管理效能改革措施都不错

□社会信用度高　　　　□政策法规配套

□司法公允　　　　　　□其他＿＿＿＿＿＿

7. 您一般通过下列哪些渠道搜集牲畜（包括羊绒、羊毛、牛羊肉）价格信息？（可选多项）

□广播　　　　　　　□报纸　　　　　　　□电视

□政府部门　　　　　□各类社会关系　　　□朋友

□通过电话（手机）问在城镇的亲戚　　　□进城去活畜市场

8. 您是否同意政府的牧民定居政策？

□非常同意　　　　　□同意　　　　　　　□无意见

□不同意　　　　　　□非常不同意　　　　□不清楚

9. 您认为，牧民走向定居的主要阻力是什么？

□怕牧户份地的面积缩小　□基础设施（水电路及其他）不够健全

□留恋游牧　　　　　　　　　　　　　　□政府投入不够

□政府牧民双方都未能很好配合　　　　　□其他＿＿＿＿＿＿

10. "双语教育"是一个必然发展趋势，您同意吗？

☐非常同意 ☐同意 ☐无意见

☐不同意 ☐非常不同意

11. 对"双语教育"这门课的教学质量，您的总体评价是：

☐优秀 ☐良好 ☐一般

☐较差 ☐很差 ☐不清楚

12. 除了母语，您还会哪几种语言？

☐汉语 ☐维吾尔语

☐哈萨克语 ☐其他_____

13. 您在放学回家后，平均每天用多少时间做下列事情？（如未做请写0小时0分钟）

a）功课：____小时____分钟 b）睡觉：____小时____分钟

c）体育锻炼：____小时____分钟 d）看电视：____小时____分钟

e）看报刊：____小时____分钟 f）读书：____小时____分钟

14. 个人兴趣类

☐赛马 ☐摔跤 ☐节日聚会

☐做生意 ☐旅游观光 ☐看电视

☐看报纸 ☐听广播 ☐看书

☐其他_____

15. 您认为上哪一种语言班学习对您更有利？

☐实验班 ☐普通班

☐汉语班 ☐不清楚

16. 您的学习目标是？

☐当教师 ☐当公务员 ☐当有文化的工人

☐当有文化的牧民 ☐当有文化的农民 ☐当企业家

☐当医生 ☐当作家

☐当专业人员（律师、记者、会计师等）

☐不知道 ☐其他_____

17. 你对 "双语教育" 有什么意见和建议?＿＿＿＿＿＿＿＿＿＿＿＿

＿＿＿＿＿＿＿＿＿＿＿＿＿＿＿＿＿＿＿＿＿＿＿＿＿＿＿＿＿＿＿

＿＿＿＿＿＿＿＿＿＿＿＿＿＿＿＿＿＿＿＿＿＿＿＿＿＿＿＿＿＿＿

＿＿＿＿＿＿＿＿＿＿＿＿＿＿＿＿＿＿＿＿＿＿＿＿＿＿＿＿＿＿＿

＿＿＿＿＿＿＿＿＿＿＿＿＿＿＿＿＿＿＿＿＿＿＿＿＿＿＿＿＿＿＿

＿＿＿＿＿＿＿＿＿＿＿＿＿＿＿＿＿＿＿＿＿＿＿＿　(可另附纸)

18. 您认为目前有必要开展 "三语教学" 吗?

□迫切需要　　　　　　　□有必要

□不必要　　　　　　　　□不清楚

19. 您认为目前蒙古语授课教学中存在哪些问题?

□教学质量　　　　　　　□教学设备

□生员短缺　　　　　　　□大学专业单一

20. 您对您自己未来的就业担忧吗?

□非常担忧　　　　　□担忧　　　　　　　　　□不担忧

□根本不担忧　　　　□担忧, 但情况会好起来的　□无所谓

□没想过

21. 您对您的健康状况如何评价?

□很好　　　　　　　□好　　　　　　　□一般

□差　　　　　　　　□很差

22. 新型农牧区合作医疗给你们的家庭带来了实惠吗?

□很有实惠　　　　　□有实惠　　　　　□一般

□实惠不大　　　　　□未受实惠　　　　□不清楚

23. 您认为哪些因素影响牧民的寿命:

□高寒天气　　　　　□酗酒　　　　　　□不良饮食

□有病不及时就医　　□不清楚

24. 您觉得看病难、看病贵的问题在牧区还严重吗?

□不严重　　　　　　□一般　　　　　　□严重

□很严重　　　　　　□不清楚

25. 假如您生病将会采取何种措施？

□找喇嘛念经　　　　　□找蒙医看病　　　　□能熬则熬

□观察几天再说　　　　□及时到医院治疗

26. 您在牧区看病方便吗？

□看病不在远　　　　　□牧点离牧区卫生室很远

□交通不方便　　　　　□其他_____

27. 您对牧区医疗条件、服务质量满意吗？

□很不满意　　　　　　□不满意　　　　　　□一般

□满意　　　　　　　　□很满意　　　　　　□说不清

28. 您经常喝酒吗？

□酗酒　　　　　　　　□偶尔喝　　　　　　□亲朋好友相聚时喝

□节假日喝　　　　　　□喝酒有节制　　　　□很少喝

□被迫喝　　　　　　　□不喜欢喝　　　　　□根本不喝

□滴酒不沾

29. 以下哪件事在您心目中占有的地位最重要？

□财富　　　　　　　　□健康　　　　　　　□学问

□当官　　　　　　　　□助人为乐　　　　　□工作

□亲人　　　　　　　　□朋友　　　　　　　□诚心

□信誉　　　　　　　　□其他_____

30. 提高牧民的生活质量首先从健康的生活方式抓起。请问您同意还是不同意这种说法？

□完全同意　　　　　　□同意　　　　　　　□不同意

□完全不同意　　　　　□不清楚

31. 请问以下几门医学中您推崇哪一家？

□藏医　　　　　　　　□蒙医　　　　　　　□中医

□西医　　　　　　　　□哪一家治好就推崇哪一家　□其他

32. 您在每几年中做一次体检？

□一年一次　　　　　　□五六年一次　　　　□十几年一次

□二十年一次　　　　□有体征就做　　　　□感觉不对劲就做

□从未做过体检　　　□没有体检的概念

33. 请问您觉得牧民和农民相比之下哪个保健意识强一些？

□牧民　　　　　　　□农民　　　　　　　□不清楚

34. 您想要过的美好生活是什么？（可选三项）

□游牧生活　　　　　□城镇生活　　　　　□半定居半游牧生活

□定居生活　　　　　□事业上有成就　　　□婚姻美满

□吃好穿好　　　　　□拥有财富　　　　　□拥有现代化电器、汽车

□拥有知识做学问　　□德高望重　　　　　□公务员

□其他_____

35. 您对目前自己的生活水平满意吗？（只选一项）

□满意　　　　　　　□基本满意　　　　　□不满意

□很不满意　　　　　□不知道

36. 您认为目前牧区的经济发展状况如何？（只选一项）

□很好　　　　　　　□良好　　　　　　　□一般

□不好　　　　　　　□不知道

37. 您认为牧区经济发展缓慢的原因是什么？（可选三项）

□政策好，但执行的不好　　□牧民观念不解放

□信息闭塞，交通不便　　　□文化水平低

□科学管牧不强　　　　　　□草场严重超载

38. 您对牧区经济发展的前景是否有信心？

□很有信心　　　　　□较有信心　　　　　□有些担忧

□不知道

39. 您认为，蒙古族牧民在市场化社会的竞争中处于何种地位？

□有利地位　　　　　□不利地位　　　　　□边缘化地位

□不适应的地位　　　□越来越孤独的地位　□不知道

40. 您在日常生活中，平均每天用多少时间做下列事情？（如未做请写

0 小时 0 分钟）

□工作：_____小时_____分钟

□睡觉：_____小时_____分钟

□听广播：_____小时_____分钟

□看电视：_____小时_____分钟

□看报刊：_____小时_____分钟

□读书：_____小时_____分钟

41. 您认为，能恰当反映日前您和其他民族（或邻居）关系状况的词汇有哪些？（可多选）

□融洽	□基本融洽	□不融洽
□团结	□隔阂	□帮助
□合作	□信任	□利益关系冲突
□交流	□共同发展	□理解

42. 请问您是同意还是不同意"没有背债则富裕，没有疾病则康乐"这种说法？

□完全同意	□同意
□不同意	□完全不同意

您的个人资料

1. 地区_____   2. 民族_____   3. 性别_____

4. 年龄_____   5. 文化程度_____   6. 职业_____

7. 职务_____   8. 专业技术职务（职称）_____

2006 年和静、和硕二县蒙古族社会现状调查问卷（二）

亲爱的同胞：

您好！我非常诚挚地邀请您参加此次调查。为了全面客观地了解新疆蒙古族社会现状，为其日后的发展提供一定的事实依据，特设计此问卷。请回答以下问题，在合适的方框上打钩□，多谢合作。

1. 请您估计一下过去一年中，您全家的人均年纯收入有多少？

□600 元以下 　　　□600～1000 元 　　　□1000～1500 元

□1500～2000 元 　　□2000～2500 元 　　□2500～3000 元

□3000～3500 元以上 □3500－4000 元 　　□4000～4500 元

□4500～5000 元 　　□6000～8000 元 　　□10000 元以上

2. 您全家去年的总收入中常规牧业生产、农业生产和劳务（代牧和打工）收入分别是：

□牧业生产_____元 　□农业生产_____元

□劳务_____元 　　　□其他_____

3. 您认为，农场最需要哪一类的人才？（可多选）

□兽医 　　　　　　　□医生 　　　　　　□农业专业技术人员

□农业生产能手 　　　□牧业生产能手 　　□其他_____

4. 您认为，农牧区最需要改善的项目是：

□人畜饮水 　　□农区基础设施（水电路等） 　□草场改良

□牧道修筑 　　□其他_____

5. 您认为当前农牧区社会中存在的主要问题是什么？（多选）

□生活质量低下 　　　□两极分化 　　　　□草场被农垦占用

□草场退化□ 　　　　□不良的社会风气 　□酗酒

□文化生活单调 　　　□其他_____

6. 您对农牧区（乡、场）政府的整体印象：

□管理效能低下　　　　□开放意识不强，改革措施不到位

□政策法规不配套　　　□司法不公，有法不依

□社会信用度低　　　　□管理效能改革措施都不错

□社会信用度高　　　　□政策法规配套

□司法公允　　　　　　□其他_____

7. 您一般通过下列哪些渠道搜集农牧产品价格信息？（可选多项）

□广播　　　　　　　　□报纸　　　　　　　　□电视

□政府部门　　　　　　□各类社会关系　　　　□朋友

□通过电话（手机）问在城镇的亲戚　　　　　□进城去活畜市场

8. 哪种生产经营方式你认为是快速致富途径？

□常规牧业生产　　　　□农业生产　　　　　　□工、商经营

□打工　　　　　　　　□其他_____

9. 您认为，当前在农场存在的主要问题是什么？（多选）

□牧民务农技能差　　　□农田沙砾严重　　　　□牲畜品种改良投入不够

□生产单一　　　　　　□文化生活单调　　　　□其他_____

10. 您对您的健康状况如何评价？

□很好　　　　　　　　□好　　　　　　　　　□一般

□差　　　　　　　　　□很差

11. 新型农牧区合作医疗给你们的家庭带来了实惠吗？

□很有实惠　　　　　　□有实惠　　　　　　　□一般

□实惠不大　　　　　　□未受实惠　　　　　　□不清楚

12. 您认为哪些因素影响农牧民的寿命：

□高寒天气　　　　　　□酗酒　　　　　　　　□不良饮食

□有病不及时就医　　　□不清楚

13. 您觉得看病难、看病贵的问题在农牧区还严重吗？

□不严重　　　　　　　□一般　　　　　　　　□严重

□很严重　　　　　　　□不清楚

14. 假如您生病将会采取何种措施？

☐ 找喇嘛念经　　　☐ 找蒙医看病　　　☐ 能熬则熬

☐ 观察几天再说　　　　　　　　　☐ 及时到医院治疗

15. 您在农牧区看病方便吗？

☐ 看病不再远　　　☐ 牧点离牧区医务室很远

☐ 交通不方便　　　☐ 其他_____

16. 您对农牧区医疗条件、服务质量满意吗？

☐ 很不满意　　　☐ 不满意　　　☐ 一般

☐ 满意　　　☐ 很满意　　　☐ 说不清

17. 您经常喝酒吗？

☐ 酗酒　　　☐ 偶尔喝　　　☐ 亲朋好友相聚时喝

☐ 节假日喝　　　☐ 喝酒有节制☐　　　☐ 很少喝

☐ 被迫喝　　　☐ 不喜欢喝　　　☐ 根本不喝

☐ 滴酒不沾

18. 以下哪件事在您心目中占有的地位最重要？

☐ 财富　　　☐ 健康　　　☐ 学问

☐ 当官　　　☐ 助人为乐　　　☐ 工作

☐ 亲人　　　☐ 朋友　　　☐ 诚心

☐ 信誉　　　☐ 其他_____

19. 提高农牧民的生活质量首先从健康的生活方式抓起。请问您同意还是不同意这种说法？

☐ 完全同意　　　☐ 同意　　　☐ 不同意

☐ 完全不同意　　　☐ 不清楚

20. 请问以下几门医学中您推崇哪一家？

☐ 藏医　　　☐ 蒙医　　　☐ 中医

☐ 西医　　　☐ 哪一家治好就推崇哪一家　☐ 其他_____

21. 您在每几年中做一次体检？

☐ 一年一次　　　☐ 五六年一次　　　☐ 十几年一次

□二十年一次　　　　□有体征就做　　　　□感觉不对劲就做

□从未做过体检　　　□没有体检的概念

22. 请问您是同意还是不同意"没有背债则富裕，没有疾病则康乐"这种说法？

□完全同意　　　　　　　　　　　　□同意

□不同意　　　　　　　　　　　　　□完全不同意

23. 请问您觉得牧民和农民相比之下哪个保健意识强一些？

□牧民　　　　　　　□农民　　　　　　　□不清楚

24. 您想要过的美好生活是什么？（可选三项）

□游牧生活　　　　　□城镇生活　　　　　□半定居半游牧生活

□定居生活　　　　　□事业上有成就　　　□婚姻美满

□吃好穿好　　　　　□拥有财富　　　　　□拥有现代化电器、汽车

□拥有知识做学问　　□德高望重　　　　　□公务员

□其他_____

25. 您对目前自己的生活水平满意吗？（只选一项）

□满意　　　　　　　□基本满意　　　　　□不满意

□很不满意　　　　　□不知道

26. 您认为目前你所在地蒙古族农牧民的经济发展如何？（只选一项）

□很好　　　　　　　□良好　　　　　　　□一般

□不好　　　　　　　□不知道

27. 您认为农牧区经济发展缓慢的原因是什么？（可选多项）

□政策好，但执行的不好　　　　　　□牧民观念不解放

□信息闭塞，交通不便　　　　　　　□牧民文化水平低

□科学管牧不强　　　　　　　　　　□草场严重超载

28. 您对农牧区经济发展前景：

□很有信心　　　　　　　　　　　　□较有信心

□有些担忧　　　　　　　　　　　　□不知道

29. 您认为，蒙古族农牧民在市场化社会的竞争中处于何种地位？

□有利地位 　　　　□不利地位 　　　　□边缘化地位

□不适应的地位 　　□越来越孤独的地位 　□不知道

30. 您在日常生活中，平均每天用多少时间做下列事情？（如未做请写 0 小时 0 分钟）

□工作：_____小时_____分钟 　　□睡觉：_____小时_____分钟

□听广播：_____小时_____分钟 　□看电视：_____小时_____分钟

□看报刊：_____小时_____分钟 　□读书：_____小时_____分钟

31. 您认为，能恰当反映目前您和其他民族（或邻居）关系状况的词汇有哪些？（可多选）

□融洽 　　　　□基本融洽 　　　□不融洽

□团结 　　　　□隔阂 　　　　　□帮助

□合作 　　　　□信任 　　　　　□利益关系冲突

□交流 　　　　□共同发展 　　　□理解

32. 个人兴趣类（必选三项）

□赛马 　　　　□摔跤 　　　　　□节日聚会

□做生意 　　　□旅游观光 　　　□看电视

□看报纸 　　　□听广播 　　　　□看书

您的个人资料

1. 地区_____ 　　　2. 民族_____ 　　　3. 性别_____

4. 年龄_____ 　　　5. 文化程度_____ 　6. 职业_____

7. 职务_____ 　　　8. 专业技术职务（职称）_____

2006 年和静、和硕二县蒙古族社会现状调查问卷（三）

您好！我是自治区社会科学界联合会一名工作人员，我非常诚挚地邀请您参加此次调查。为了全面客观地了解您所在地内的蒙古族社会现状，为其日后的发展提供一定的事实依据，特设计此问卷。请回答以下问题，在合适的方框上打钩☑，多谢合作。（此卷限于汉族同志答）

1. 您认为，能恰当反映目前您和蒙古族（或邻居）关系状况的词汇有哪些？（可多选）

□融洽　　　　　□基本融洽　　　　□不融洽

□团结　　　　　□隔阂　　　　　　□帮助

□合作　　　　　□信任　　　　　　□利益关系冲突

□交流　　　　　□共同发展　　　　□理解

2. 您认为目前蒙古族农牧民的经济发展状况是：（只选一项）

□很好　　　　　□良好　　　　　　□一般

□不好　　　　　□不清楚

3. 您如何评价蒙古族农牧民面对当前自治区经济发展形势下的市场应对（或适应）能力？

□我行我素　　　□应对缓慢　　　　□应对得宜

□应对不得法　　□思想开放　　　　□思想保守

□市场意识差　　□经营单一　　　　□不清楚

□其他_____

4. 您认为，蒙古族农牧民有哪些不足？应如何改进？请谈谈您的一些想法：_____

_____

_____

_____（可在该页背面连续）

您的个人资料

1. 地区_____　　　2. 民族_____　　　3. 性别_____

4. 年龄_____　　　5. 文化程度_____　　6. 职业_____

7. 职务_____　　　8. 专业技术职务（职称）_____

2006 年和静、和硕二县蒙古族社会现状调查问卷（四）

亲爱的同胞：

您好！我非常诚挚地邀请您参加此次调查。为了全面客观地了解新疆蒙古族社会现状，为其日后的发展提供一定的事实依据，特设计此问卷。请回答以下问题，在合适的方框上打钩☑，多谢合作。

1. "双语教育"是一个必然发展趋势，您同意吗？

□非常同意　　　　　□同意　　　　　　□无意见

□不同意　　　　　　□非常不同意

2. 对"双语教育"的教学质量，您的总体评价是：

□优秀　　　　　　　□良好　　　　　　□一般

□较差　　　　　　　□很差　　　　　　□不清楚

3. 除了母语，您还会哪几种语言？

□汉语　　　　　　　□维吾尔语　　　　□哈萨克语

□其他_____

4. 您在放学回家后，平均每天用多少时间做下列事情？（如未做请写 0 小时 0 分钟）

□功课：_____小时_____分钟

□睡觉：_____小时_____分钟

□体育锻炼：_____小时_____分钟

□看电视：_____小时_____分钟

□看报刊：_____小时_____分钟

□读书：_____小时_____分钟

5. 个人兴趣类

□体育　　　　　　　□电脑　　　　　　□节日聚会

□做生意　　　　　　□旅游观光　　　　□看电视

□看报纸　　　　　　□听广播　　　　　　□看书

□其他＿＿＿＿＿＿＿

6．您认为上哪一种语言班学习对你更有利？

□实验班　　　　　　□普通班　　　　　　□汉语班

□不清楚

7．您的学习目标是？

□当教师　　　　　　□当公务员　　　　　□当有文化的工人

□当有文化的牧民　　□当有文化的农民　　□当企业家

□当医生　　　　　　□当作家

□当专业人员（律师、记者、会计师等）　　□不知道

□其他＿＿＿＿＿＿＿

8．您认为目前有必要开展"三语教学"吗？

□迫切需要　　　　　□有必要　　　　　　□不必要

□不清楚

9．您认为目前蒙古语授课教学中存在哪些问题？

□教学质量　　　　　□教学设备　　　　　□生源短缺

□大学专业单一

10．您对您自己未来的就业担忧吗？

□非常担忧　　　　　□担忧　　　　　　　□不担忧

□根本不担忧　　　　□担忧，但情况会好起来的

□无所谓　　　　　　□没想过

您的个人资料

1．地区＿＿＿＿＿　　2．民族＿＿＿＿＿　　3．性别＿＿＿＿＿

4．年龄＿＿＿＿＿　　5．文化程度＿＿＿＿＿　　6．职业＿＿＿＿＿

7．职务＿＿＿＿＿　　8．专业技术职务（职称）＿＿＿＿＿

附录三

2008 年乌鲁木齐地区蒙古族社会现状调查问卷

亲爱的同胞：

您好！感谢您阅读这份调查问卷。此卷是为了解乌鲁木齐地区蒙古族社会现状而设计的。望您在百忙之中，仔细阅读此调查问卷，并在合适的方框上打钩，即：☑。在此，我对您给予这一调研工作的帮助表示诚挚的感谢，谢谢您的合作！

1. 您的性别：A 男□   B 女□

2. 您的年龄：

A 19～29 岁□   B 30～49 岁□   C 50～59 岁□   D 60 岁以上□

3. 您的学历是：

A 初中□   B 中专或高中□   C 大专

D 本科□   E 硕士研究生□

4. 您的家庭人口是：

A 2 口人□   B 3 口人□   C 4 口人□   D 5 口人□

5. 您的职业是：

A 公务员（机关干部）□   B 新闻出版部门编辑□

C 新闻记者□   D 大学教师□   E 科研人员□

F 中小学教师□   G 工程师□   H 技术员□

I 技术工人□   J 医生□   K 护士□

L 律师□   M 演艺人员□   N 企业的经营管理人员□

O 企业的一般职员□   P 军人□

6. 您的家庭月收入属于以下哪个区间段？（只选一项）

A 1000 元以下□   B 1000 ~ 1500 元□   C 1500 ~ 2000 元□

D 2000 ~ 2500 元□   E 2500 ~ 3000 元□   F 3000 ~ 3500 元□

G 3500 ~ 4000 元□   H 4000 ~ 4500 元□   I 4500 ~ 5000 元以上□

J 5000 ~ 5500 元□   K 5500 ~ 6000 元□   L 7000 元以上□

7. 过去一年您家庭生活全部支出是_____元，其中：

A 衣、食、住、行、通信_____元   B 教育_____元

C 医疗_____元   D 人情往来_____元

E 其他（请注明）_____元

8. 您对个人目前的生活状况是否满意？

A 满意□   B 一般□   C 不满意□   D 说不清□

9. 与过去 10 年相比，您觉得目前的生活怎样？

A 好多了□   B 好一些□   C 没有变化□

D 变差了□   E 说不清□

10. 您的生活状况以后会越来越好，还是越来越差？

A 越来越好□   B 跟现在差不多□

C 越来越差□   D 说不清□

11. 您在学校学习时，主要授课语言（以最高学历为准）是：

A 蒙古语□   B 汉语□   C 维吾尔语□   D 哈萨克语□

12. 您对个人目前的工作满意吗？

A 非常满意□   B 满意□   C 一般□   D 不满意□

13. 您所从事的工作是否体现您自己的价值？

A 完全能够体现□   B 能体现大部分价值□

C 多少能体现一点□   D 不能够体现□

14. 您觉得，乌鲁木齐地区蒙古族社会经济现状和其他民族相比怎样？

A 很好□　　　　　B 良好□　　　　　C 一般□

D 不好□　　　　　E 不清楚□

15. 乌鲁木齐地区蒙古族已成为一个社会群体，您觉得这个群体内的人际关系怎样？

A 人际关系亲密□　　　　　　　B 较好□

C 一般□　　　　　D 不好□　　　　　E 不清楚□

16. 您跟这一群体的关系是：

A 对大多数人都相识，也经常来往□

B 对大多数人不相识，但希望结识□

C 对大多数人素不相识，也不想去结识□

D 因为工作太忙，没时间去结识□

17. 您是否注重并经常参加乌鲁木齐地区蒙古人的婚丧事？

A 注重，不管认识与否一律参加□

B 注重，但只参加自己所认识的□

C 有时间就偶尔参加□

D 很少参加□

E 参不参加无所谓□

18. 您是否经常参加乌鲁木齐地区蒙古族举行的一些活动？如：迈德尔节、那达慕大会等。

A 经常参加□　　　　　　　　B 争取参加□

C 有时间就参加□　　　　　　D 偶尔参加□

E 参不参加无所谓□　　　　　F 不感兴趣□

19. 您是否关注有关本民族的知识和信息？

A 很关注□　　　B 一般□　　　C 不太关注□

D 无所谓□　　　E 说不清□

20. 您通常关注本民族的哪些方面的信息？（多选）

A 语言文字□　　　B 文化传承□　　　C 历史文化□

D 经济发展□   E 政治地位□   F 子女就业□

21. 您在家里使用母语的频率如何？特别是与子女的交谈：

A 经常使用□   B 经常使用，但中间夹杂着汉语□

C 很少使用□   D 不用□

22. 您的母语将会出现严重的断代现象吗？

A 是□   B 不会出现□

C 至少 5~10 年内不会出现□   D 说不清□

23. 您觉得，您的母语传承已出现严重危机的症结在哪里？（可选多项）

A 语言的民族性意识以及语言觉悟不高□

B 子女说汉语，家长顺着说汉语的家庭习惯□

C 没有语言教学环境，就自动放弃母语的做法□

D 母语学不学都无所谓的思想□

E 由于学有所得、学有所用的思想，蒙古语荒疏了□

F 说不清□

24. 对自治区全面推行的"双语"教学制度，您的态度是：

A 非常支持□   B 支持□   C 反对□   D 无所谓□

25. 在乌鲁木齐市您的子女无法接受"双语"教学，对此您有什么看法？

A 缺失"双语"教学，就更谈不上传承母语的问题□

B 非常惋惜，民族文化将被淡忘□

C 无可奈何，因为这是一个必然过程□

D 无所谓□   E 说不清□

26. 如果有关组织举办周末母语学习班，您愿不愿意送子女学习母语？

A 非常愿意□   B 愿意□   C 愿意，但看孩子愿不愿意□

D 不愿意□

27. 您认为，目前新疆蒙古族的语言与文化处在什么状态？

A 日益发展□   B 停滞不前□   C 逐渐衰退□

D 濒临消亡□   E 不清楚□

28. 您认为目前新疆蒙古族的语言文化需要保护吗？

A 需要□   B 不需要，任其自然发展□   C 不知道□

29. 您认为在新疆蒙古族中推广使用胡都木蒙古文是成功还是失败？

A 到目前为止，还是成功的□   B 完全失败□

C 成功与失败并存□   D 不知道□

30. 您认为保护新疆蒙古族语言文字如何做才最有效？（可选多项）

A 加强"双语"教学中的母语教育□

B 家庭及民族内部尽量以母语进行交谈□

C 加强和丰富目前的蒙古语广播电视节目□

D 多出蒙古文图书□

E 加强与内蒙古地区的文化交流□

F 在蒙古族自治州及自治县政府工作中普遍使用蒙古语文□

G 自治州和自治县应当采取一些保护措施，包括出台相关的奖励机制□

H 不知道□

31. 您认为，新疆蒙古族在市场化社会的竞争中处在什么位置？

A 有利位置□   B 不利位置□   C 边缘化位置□

D 不适应的位置□   E 适应的位置□   F 落伍跟不上的位置□

G 和其他民族差不多的位置□   H 不知道□

32. 在未来的年代里，您最担心的事是什么？（最多选三项）

A 子女就业□   B 子女与其他民族通婚□

C 语言文化淡忘□   D 失业□

E 物价上涨□   F 教育费用上涨□

G 医疗费用上涨□   H 没有什么担心□

33. 您除母语外，还会几种语言？

A 汉语、哈萨克语、维吾尔语□   B 汉语、哈萨克语□

C 汉语、维吾尔语□   D 哈萨克语、维吾尔语□

E 汉语□   F 哈萨克语□   G 维吾尔语□   H 外语□

34. 您家的邻居（住宅楼以单元计）是什么民族？

A 汉族占多数□　　　　　　　B 维吾尔族占多数□

C 各民族的都有□　　　　　　D 除他族外，本民族有一家□

E 除他族外，本民族有两家□　　F 本民族的占多数□

35. 您对新疆的穆斯林民族和汉族的风俗习惯、宗教信仰及民族心理的了解程度如何？

A 对穆斯林和汉族都非常了解□　　B 对穆斯林民族的了解更多一些□

C 对汉族的了解更多一些□　　　　D 对穆斯林和汉族的了解一般□

E 不清楚□

36. 与您所在居住区的其他民族相比，您认为您的家庭生活水平处在什么位置？

A 很好□　　　　　B 较好□　　　　C 和大家差不多（平均水平）□

D 较差□　　　　　E 很差□　　　　F 不清楚□

37. 您认为，能恰当反映目前您和其他民族（或邻居）关系状况的词汇有哪些？（可选多项）

A 融洽□　　　　B 基本融洽□　　　C 不融洽□　　　　D 团结□

E 隔阂□　　　　F 帮助□　　　　　G 合作□　　　　　H 信任□

I 利益关系冲突□　　　　　　J 交流□　　　　　K 共同发展□

L 理解□

38. 您和其他民族交往的阅历是否让您体会到"汉族离不开少数民族，少数民族离不开汉族，各少数民族之间也相互离不开"这句话所蕴含的意思？

A 体会到□　　　B 体会不深□　　　C 体会不到□　　　D 不知道□

39. 您对政府或政治事务是否注意？

A 经常关注□　　　B 偶尔关注□　　　C 从来不注意□

40. 您注意政府或政治事务是：

A 对政治有兴趣□　　　　　　B 获得信息□

C 与我的切身利益相关□　　　　D 与民族的利益相关□

E 为评论政治事务□   F 其他（请注明）＿＿＿＿＿

41. 在您的家中，谈论时事政治的状况是：

A 经常□   B 偶尔□   C 极少□   D 不谈□

42. 谈论时事政治是：

A 关注社会现象□   B 把握政治形势□

C 其他（请注明）＿＿＿＿＿＿

43. 您对国家在保护少数民族语言方面采取的措施了解多少？

A 很了解□   B 了解一点□   C 不了解□

44. 国家在保护少数民族语言方面出台的法律措施执行得如何？

A 很好□   B 一般□

C 对法律措施认识肤浅或重视程度不够□   D 执行力度不够□

E 政府方面的投入不够□   F 不知道□

45. 您觉得您的业余文化生活丰富吗？

A 很丰富□   B 一般□   C 不丰富□   D 没有□

46. 您在周末的时候通常都做些什么？（最多选三项）

A 看电视□   B 看电影□   C 上网□

D 读书、看报□   E 去图书馆□   F 逛街□

G 串门、聊天□   H 外出打工□   I 待在家里□

J 其他（请注明）＿＿＿＿＿

47. 您对自己今后的发展是否有个大体定位？

A 有□   B 没有□   C 正在考虑□

48. 不管您是做什么工作的，学习对于您来说都是：

A 极为重要□   B 重要□   C 一般□

D 不重要□   E 不清楚□

49. 你对自己今后的发展方向持何种态度？

A 乐观□   B 一般□   C 不乐观□   D 不清楚□

附录四

2008 年昭苏、特克斯、尼勒克三县
蒙古族社会现状调查问卷

亲爱的同胞：

您好！感谢您阅读这份调查问卷。此卷是为了解蒙古族社会现状而设计的。望您在百忙之中，仔细阅读此调查问卷，并在合适的方框上打钩，即：☑。在此，我对您给予这一调研工作的帮助表示诚挚的感谢，谢谢您的合作！

1. 您的性别：A 男 □　　　　　B 女 □

2. 您的年龄：

A 15～29 岁□　　B 30～49 岁□　　C 50～59 岁□　　D 60 岁以上 □

3. 你的文化程度是：

A 小学□　　　　B 初中□　　　　C 高中□　　D 大专及以上□

4. 您的家庭人口是：

A 2 口人 □　　　B 3 口人 □　　　C 4 口人 □

D 5 口人 □　　　E 6 口人 □　　　F 7 口人 □

5. 您家庭收入的主要来源是：（可选多项）

A 粮食收入 □　　　　B 经济作物收入 □　　　　C 卖牲畜收入 □

D 卖牛奶收入 □　　　　　E 生意收入 □　　　　　　　　F 打工收入 □

G 蔬菜收入 □　　　　　　H 其他_____

6. 过去一年中，您全家的总收入（毛收入）是_____元，其中：

A 粮食收入_____元　　　　　B 经济作物收入_____元

C 卖牲畜收入_____元　　　　D 卖牛奶收入_____元

E 生意收入_____元　　　　　F 打工收入_____元

G 蔬菜收入_____元　　　　　H 其他（请注明）_____元

7. 过去一年您家庭的生产、生活全部支出是_____元，其中：

A 生产_____元　　　　　　　B 衣、食、住、行、通信_____元

C 教育_____元　　　　　　　D 医疗_____元

E 人情往来_____元　　　　　F 其他（请注明）_____元

8. 您的家庭经济状况如何？

A 负债累累□　　B 贫病交迫□　　C 家境贫穷□　　D 生计无着□

E 衣食无虞□　　F 衣食丰足□　　G 家境富足□　　H 家境殷富□

9. 您家里有哪些电器？（可选多项）

A 电视□　　　　B 洗衣机□　　　C 冰箱□　　　　D 热水器□

E 电脑□　　　　F 照相机□　　　G 收音机或收录机

H 以上都没有□

10. 作为农民，您的主要生产方式（或您认为现在农民主要的生产方式）：

A 完全大型机械化生产□　　　　B 小型机械化生产□

C 小型机械化生产与手工相结合□　D 雇用小型机械化生产□

E 在本地从事非农产业，土地出租或转让给别人经营□

F 完全手工种植□　　　　　　　G 其他（请注明）_____

11. 在您所在地哪种生产经营方式是您认为的快速致富的捷径？（最多选两项）

A 常规牧业□　　B 农业□　　　C 农牧结合□　　D 做生意□

E 打工□　　　　F 其他（请注明）_____

12. 您家享受了免征农业税的政策吗？

A 享受了□　　　　B 没有享受□　　　　C 不知道□

13. 免征农业税和粮食直补对您的生活有明显改善吗？

A 很明显□　　　　B 有，但效果不太明显□　　　　C 还没看到效果□

14. 您一般通过下列哪些渠道获取农牧产品价格信息？（最多选三项）

A 广播□　　　　B 报纸□　　　　C 电视□　　　　D 政府部门□

E 各类社会关系□　　　　　　　　F 朋友□

G 通过电话（手机）问在城镇的亲戚□

H 进城去活畜市场□

15. 您所居住的房屋结构是：

A 土打墙房□　　　　B 土坯房□　　　　C 砖木房□　　　　D 砖混房□

16. 您对目前自己的居住条件满意吗？（只选一项）

A 很满意□　　　　B 满意□　　　　C 一般□　　　　D 不满意□

E 很不满意□　　　　F 说不清□

17. 您对自己居住所在地的基础设施（路、水、电等）满意吗？

A 非常满意□　　　　B 满意□　　　　C 基本满意□　　　　D 不满意□

18. 您对近 10 年来的生产生活状况满意吗？

A 很满意□　　　　B 满意□　　　　C 一般□　　　　D 不满意□

E 很不满意□　　　　F 说不清□

19. 与过去 10 年相比，您觉得目前的生活怎样？

A 很好□　　　　B 好□　　　　C 没变化□　　　　D 变差了□

E 说不清□

20. 与您所在村的其他民族家庭相比，您家的收入是高是低还是一般的水平？

A 高□　　　　B 低□　　　　C 一般□　　　　D 不知道□

21. 与您所在的乡、村里的其他民族相比，您认为蒙古族农牧民的生活水平处在什么位置？

A 很好□　　　　B 较好□　　　　C 和其他民族差不多□

D 较差□　　　　E 很差□　　　　F 不清楚□

22. 您认为，本地蒙古族农牧民在本地市场化社会的竞争中处在什么位置？

A 有利位置□　　　　B 不利位置□　　　C 边缘化位置□

D 不适应的位置□　E 适应的位置□　　F 落伍跟不上的位置□

G 和其他民族差不多的位置□　　　　H 不知道□

23. 您认为，当前在农牧区蒙古族社会生活、经济生产中存在的主要问题是什么？（可选多项）

A 生活质量低下□　　　　　　　B 两极分化□

C 草场被农垦占用□　　　　　　D 草场退化□

E 人畜饮水有待改进□　　　　　F 酗酒风气□

G 文化生活单调□　　　　　　　H 大操大办婚丧喜事□

I 务农技能差□　　J 生产单一□　　K 懒做农活，安于现状□

L 农田沙砾严重□　　M 农区基础设施差（水、电、路等）□

N 农牧结合有待改善□　　　　　O 牧道修筑差□

24. 您在生产经营活动中面临的主要困难是什么？（可选三项）

A 缺少技术□　　B 缺少资金□　　C 农畜产品销售困难□

D 缺少市场信息□　　E 投入多，产出少□　F 农牧结合有困难□

25. 乡政府为您提供的服务主要是：

A 提供信息□　　B 提供技术□　　C 提供产后服务□

D 提供资金帮助□　　　　　　　E 提供生产资料□

26. 您对乡政府为您提供的服务是否满意？

A 非常满意□　　B 满意□　　C 一般□　　　D 不满意□

27. 您认为在市场竞争中能够代表并保护农牧民利益的组织是乡政府还是村委会？

A 村委会□　　B 乡政府□　　C 不知道□

28. 国家制定《村委会组织法》的根本宗旨在于实现村民自治，让农牧民自我管理、自我教育、自我服务，真正实现当家作主，作为村民您是否关注村委会和村民会议？

A 非常关注□　　　B 关注□　　　　C 不太关注□　　D 根本没兴趣□

29. 不管大事小事，村委会是否征得村民代表的意见？

A 是□　　　　　B 不是□　　　　C 说不清□

30. 涉及全村村民利益的问题，村委会是否提请村民会议讨论决定？

A 是□　　　　　B 不是□　　　　C 说不清□

31. 乡政府在您的印象中如何？（可多选）

A 管理效能低下□

B 开放意识不强，改革措施不到位□

C 政策法规不配套□　　　　　　　D 司法不公，有法不依□

E 社会信用度低□　　　　　　　　F 管理效能改革措施都不错□

G 社会信用度高□　　　　　　　　H 政策法规配套□

I 司法公允□　　　　　　　　　　J 其他_____

32. 您觉得，您所在的蒙古民族乡有名有实吗？

A 有名有实□　　B 有名无实□　　C 勉强过得去　　D 不清楚□

33. 蒙古民族乡政府在执行职务的时候，（面向蒙古族）是否使用蒙古语言文字？

A 使用□　　　　B 偶尔使用□　　C 不使用□　　　D 不知道□

34. 您对目前蒙古民族乡政府配备的工作人员中蒙古族人数所占的比例满意吗？

A 很满意□　　　B 满意□　　　　C 一般□　　　　D 不满意□

E 很不满意□　　F 说不上□

35. 蒙古民族乡在开发资源、兴办企业时，在招收蒙古族农牧民方面有无合理安排？

A 有合理安排□　　　　　　　　　B 没有合理安排□

C 没有安排□　　　　　　　　　　D 说不清□

36. 您觉得乡政府在社会生活、生产经济方面应该做什么？（可选多项）

A 应多提供卫生和文化设施□　　　B 应多提供信息服务和产后服务□

C 应多提供技术服务□　　　　　　D 应多提供资金帮助□

E 应多提供生产资料□　　　　　　F 引导农牧民适应市场经济□

G 提供农牧、生态学普及知识□　　H 改善牧区交通条件□

I 重视草场改良、牧道修筑□

37. 您对您的健康状况如何评价？

A 很好□　　　　B 好□　　　　C 一般□　　　　D 差□

E 很差□

38. 如果您已经加入农村医疗保险，您对新型农村合作医疗住院报销情况满意吗？

A 非常满意□　　B 满意□　　　C 基本满意□　　D 不满意□

39. 您觉得看病难、看病贵的问题在您这里还严重吗？

A 不严重□　　　B 一般□　　　C 严重□　　　　D 很严重□

E 不清楚□

40. 您在您这里看病方便吗？

A 方便□　　　　　　　　　　　B 不方便□

C 一般□　　　　　　　　　　　D 牧点离牧区医务室很远□

41. 您对农牧区医疗条件、服务质量满意吗？

A 很不满意□　　B 不满意□　　C 一般□　　　　D 满意□

E 很满意□　　　F 说不清□

42. 您在每几年中做一次体检？

A 一年一次□　　B 五六年一次□　C 十几年一次□

D 二十年一次□　E 有症状就做□　F 感觉不对劲就做□

G 从未做过体检□　H 没有体检的概念□

43. 您在学校学习时，主要的授课语言（以最高学历为准）是哪种语言？

A 蒙古语□　　　B 汉语□　　　C 哈萨克语□　　D 维吾尔语□

44. 您除母语外，还会几种语言？

A 汉语、哈萨克语、维吾尔语□　　B 汉语、哈萨克语□

C 汉语、维吾尔语□　　　　　　　D 哈萨克语、维吾尔语□

E 汉语□　　　　F 哈萨克语□　　G 维吾尔语□　　H 外语□

45. 您希望您的孩子应接受哪种语言教育？

A 母语教育□　　B 汉语教育□　　C 双语教育

D 英语教育　　E 说不清□

46. 您有没有其他民族朋友？

A 有，很多□　　B 有，但不多□　　C 没有□

47. 您对本地其他民族的风俗习惯和宗教信仰及民族心理的了解程度如何？

A 非常了解□　　B 了解□　　C 了解不多□　　D 不了解□

49. 您和其他民族的友好交往是出于：

A 互相尊重，和睦相处□　　　　B 互相帮助，互相学习□

C 互通有无□　　　　　　　　　D 结交往来□

49. 您认为，能恰当反映目前您和其他民族（或邻居）关系状况的词汇有哪些？（可选多项）

A 融洽□　　　B 基本融洽□　　C 不融洽□　　　D 团结□

E 隔阂□　　　F 帮助□　　　　G 合作□　　　　H 信任□

I 利益关系冲突□ J 交流□　　　K 共同发展□　　L 理解□

50. 您和其他民族交往的阅历是否让您体会到"汉族离不开少数民族，少数民族离不开汉族，各少数民族之间也相互离不开"这句话所蕴含的意思？

A 体会到□　　B 体会不深□　　C 体会不到□　　D 不知道□

51. 真正的游牧民已经或正在迅速消失，他们正在被迫或自愿变成局限在牧场上和农区的农牧民。这一结果对蒙古族农牧民是否有利？

A 有利□　　　B 不利□　　　C 不知道□

52. 您认为，您所在地的蒙古族牧民的定居是成功还是失败？

A 到目前为止，还是成功的□　　B 完全失败□

C 成功与失败并存□

53. 您认为您的子女会离开您而另谋出路吗？

A 会□　　　　B 不会□　　　C 不知道□

54. 您对农牧区经济发展前景是否有信心？

A 很有信心□　　B 较有信心□　　C 有些担忧□　　D 不知道□

图书在版编目（CIP）数据

新疆蒙古族社会现状报告：和静县和乌鲁木齐市等地蒙古族社会
经济发展的调查与分析／加·奥其尔巴特著.
—北京：社会科学文献出版社，2013.4
（新疆研究丛书）
ISBN 978 - 7 - 5097 - 4319 - 5

Ⅰ.①新⋯　Ⅱ.①加⋯　Ⅲ.①蒙古族 - 社会生活 - 调查报告 -
新疆　Ⅳ.①K281.2

中国版本图书馆 CIP 数据核字（2013）第 070284 号

· 新疆研究丛书 ·

新疆蒙古族社会现状报告
——和静县和乌鲁木齐市等地蒙古族社会经济发展的调查与分析

著　　者／加·奥其尔巴特

出 版 人／谢寿光
出 版 者／社会科学文献出版社
地　　址／北京市西城区北三环中路甲 29 号院 3 号楼华龙大厦
邮政编码／100029

责任部门／人文分社 （010）59367215　　责任编辑／周志静　范明礼
电子信箱／renwen@ ssap. cn　　责任校对／杜若佳
项目统筹／宋月华　范 迎　　责任印制／岳　阳
经　　销／社会科学文献出版社市场营销中心 （010）59367081　59367089
读者服务／读者服务中心 （010）59367028

印　　装／三河市尚艺印装有限公司
开　　本／787mm×1092mm　1/16　　印　张／12.5
版　　次／2013 年 4 月第 1 版　　字　数／301 千字
印　　次／2013 年 4 月第 1 次印刷
书　　号／ISBN 978 - 7 - 5097 - 4319 - 5
定　　价／59.00 元